埃尔塔欣

一城一世

EL TAJÍN

La urbe que representa al orbe

[墨]萨拉·拉德隆·德·格瓦拉／著

李 彦／译

中国人民大学出版社

·北京·

引 言

　　西班牙殖民者抵达之前，拉美大地上出现了很多原生文明及其聚集中心，埃尔塔欣（El Tajín）遗址就是其中之一，它不仅是回顾该地区古老历史的重要参考，也是当地民众种族和政治身份的象征，更是无数文人和艺术家创作灵感的来源。

　　埃尔塔欣遗址位于韦拉克鲁斯州（Veracruz）北部——墨西哥湾沿岸地区发展最快的区域，并以拥有诸多宏伟的建筑而著称。世人对该地区的了解渠道多种多样，有的通过各类新闻报道，也有的通过相关考古报告。遗址最具代表性的建筑——壁龛金字塔常见于政府、教育机构、商业和旅游业的图标图案中。

　　与埃尔塔欣相关的消息和报道大致可分为两类：一类来自旅行者、艺术爱好者、学者等群体，另一类来自与其相关的考古研究。这两类消息经常互有出入，但大致相同。根据目前掌握的情况，我们认为有必要讲明白以下重点内容：

　　与埃尔塔欣相关的诸多报道中，首先要提及的是它于1785年首次被迭戈·鲁伊斯（Diego Ruiz）发现的消息。作为探险队队长，迭戈·鲁伊斯在一次探险结束时路过这个地方，在植被掩映的众多金字塔中发现了壁龛金字塔，并以为它不过是座单独的建筑。之后亚历山大·冯·洪堡（Alexander Von Humboldt）、吉列尔莫·杜派克斯（Guillermo Dupaix）、卡尔·内贝尔（Karl Nebel）、弗朗西斯科·德尔帕索·伊·特龙科索（Francisco del Paso y Troncoso）、爱德华·塞勒（Eduard Seler）等人相继到访此地。

20 世纪对该遗址进行勘探和研究的人员名单更长，其中包括建筑师、工程师、绘画家、地质学家，当然还有考古学家等，比如加布里埃尔·加西亚·委拉斯开兹（Gabriel García Velazquez）、阿古斯丁·加西亚·维加（Agustín García Vega）、胡安·帕拉西奥斯（Juan Palacios）、恩里克·梅耶（Enrique Meyer）、阿古斯丁·维拉格拉（Agustín Villagra）、罗曼·皮娜·陈（Román Piña Chan）、伊格纳西奥·马奎那（Ignacio Marquina）、迈克尔·坎彭（Michael Kampen）、阿方索·麦德林·泽尼尔（Alfonso Medellín Zenil）、保拉·科特泽（Paula Krotzer）、奥马尔·鲁伊斯·戈迪洛（Omar Ruiz Gordillo）以及阿图罗·帕斯夸尔·索托（Arturo Pascual Soto）等。在他们的持续工作下，与遗址相关的报道和研究成果日益丰富。

其中，尤其要重点提及何塞·加西亚·佩昂（José García Payón）和尤尔根·布鲁格曼（Juergen Brueggemann）两位考古学家，他们一生都致力于对埃尔塔欣遗址的研究和宣传。

何塞·加西亚·佩昂参与过墨西哥国内多个遗址的考古工作。从 1938 年直到 1977 年去世，他将近 40 年的时间献给了埃尔塔欣遗址的发掘和研究事业，不仅考察和修复了遗址的多处建筑，将其知名度扩大至全国乃至全世界范围，而且致力于将古城整合为一个整体向世人阐述。一方面，他出版了大量的研究成果；另一方面，通过他的不懈努力，埃尔塔欣遗址从无人问津的废墟变成可供游客参观的景观。虽然按照现在的标准，他的工作在某些方面存在争议，但考虑到其所处的时代使他在技术条件和考古知识、方法等方面都受到限制，他配得上与曼努埃尔·加米奥（Manuel Gamio）、利奥波多·巴特雷斯（Leopoldo Batres）这样伟大的人物相提并论——他们都在修缮遗址和传播西班牙殖民时期之前的历史方面做出了杰出的贡献。

尤尔根·布鲁格曼出生于德国。由于对考古学科的理论和方法怀有浓厚的兴趣，他先后在墨西哥国立人类学和历史学院（Escuela Nacional de Antropología e Historia）及墨西哥国立自治大学（UNAM）从事各类考古学研究，并取得丰硕成果。在此期间，他深入探访并研究了墨西哥湾沿岸地区的古文明遗址，尤其是埃尔塔欣。自1984年至2014年去世，他一直致力于此。正是由于他的辛勤工作，如今的普通大众才有机会饱览古城遗址50余座金字塔的风姿，研究人员也越发重视对遗址所处的历史时期、社会组织形式等开展更加深入的研究，并进一步引发了学界对埃尔塔欣古城的广泛讨论。

此外，埃尔塔欣遗址知名度的提高不仅是依靠科考研究知识的传播，更多地是借助各类艺术创作，毕竟艺术创作的数量和影响要远大于仅在少数专家中间传阅的考古文献。

事实上，自 18 世纪被发现以来，壁龛金字塔的形象就一直激发着不同领域艺术工作者的创作灵感。

从这个意义上讲，我们有必要提及画家迭戈·里维拉（Diego Rivera）和诗人埃弗拉·韦尔塔（Efraín Huerta）这两位 20 世纪的墨西哥天才艺术家及其代表作品。

迭戈·里维拉在墨西哥国家宫绘有一幅题为《托托纳克文化的节日庆典》的壁画。壁画于 1950 年完工，属于迭戈·里维拉在国家宫绘制的最后一批壁画。画家在壁画中绘制的壁龛金字塔、南侧球场和塔欣·奇科城（Tajín Chico）① 的位置都精准无误，这很可能是因为 20 世纪 40 年代他曾应朋友之邀去过遗址现场。这位朋友名叫何塞·德·耶苏斯·努涅斯·伊·多明格斯（José de Jesús Núñez y Domínguez），是潘帕特拉当地的作家兼记者［这一点由马里奥·罗曼（Mario Román）于 2006 年 3 月在埃尔塔欣城学术会议上提出］。可以肯定的是，画家与何塞·加西亚·佩昂碰面时当场绘制了精确的遗址草图，因此能够在壁画的右侧精确地还原位于南边球场东北角三名球员及球赛所需器具、护衣、护膝、马尾以及奥林（Ollin）② 符号和头饰。

但是，正如伊策尔·罗德里格斯（Itzel Rodríguez）在研究壁画时所指出的，"我们应当不仅满足于对迭戈·里维拉已有的

① Chico 在西班牙语中意为"小"，故 Tajín Chico 实际意思为"小塔欣"；按照翻译习惯，这里保留音译。——译者注

② Ollin Tonatiuh 是阿兹台克的太阳神，意思为"运行的太阳"。Ollin 在纳瓦特语中意思为"运动的事物"。——译者注

研究成果的再现，更应探寻他的意识形态或形而上学的思想概念，并结合当时民族主义传播的历史背景进行更加大胆的解释。由此看来，西班牙殖民时期之前发生的种种仅是虚构出来的，而非真实的历史"（1977：60）。

正因如此，里维拉的作品显得更加成功。比如，为达到画面建筑外观的平衡，他会先绘制一个漂亮的稻草凸形屋顶，之后再加上一位面露微笑的女性形象，同时也不忘加上人物的服饰、头型变化及牙齿残缺等细节特征。画家的这一做法导致了人们的误解，以为笑脸也属于埃尔塔欣文化的一部分。此外，里维拉在壁画正中还描绘了特诺奇蒂特兰（Tenochtitlan）来的商人。这在时间上是错误的，因为埃尔塔欣城在公元 12 世纪左右就已衰落，而特诺奇蒂特兰城建立于公元 1325 年前后。

里维拉壁画中关于埃尔塔欣遗址的另一不准确之处，是他在球场墙壁上画上了某种环状物。虽然这种装饰在别处遗迹十分常见，但埃尔塔欣遗址现场并未发现它存在过的痕迹。

在里维拉绘制的众多表现文化仪式题材的壁画中，不难发现球赛、音乐伴舞及飞人舞的身影。飞人舞可能源自西班牙殖民时期之前的一种宗教仪式，至今仍在当地的托托纳克人中流行。在埃尔塔欣遗址的浅浮雕作品上发现过装扮成鸟类的舞者，导致至今人们还在对飞人舞是否起源于埃尔塔欣一事争论不休。

在同一幅壁画的底部，里维拉还利用视觉陷阱（trampanto-jo）手法用灰色笔触制造出浅浮雕的效果。壁画中出现了阿帕里西奥（Aparicio）的墓碑，墓碑上有一名被斩首的球员，脖子上长出了七条蛇。墓碑旁还绘制了轭、斧头、蹄掌的组合图案。所有这些都与埃尔塔欣历来重视球赛的传统有关，古城和文化特征的结合形成了这种有趣的艺术风格。此外，壁画的同一区域还出现了一个雕刻家的身影，作者由此重现了当时环境、时代和艺术风格下的古代艺术家形象。

另一位使埃尔塔欣古城的精妙和特征广为人知的艺术家当属埃弗拉·韦尔塔。他于 1963 年出版了诗作《埃尔塔欣古城》，诗歌感性地再现了他参观古城的情景。

埃斯特·埃尔南德斯·帕拉西奥斯（Esther Hernández Palacios）对这首诗评论道："韦尔塔通过金字塔的神秘形象认识到，埃尔塔欣文化遗址与其他人类事件的命运相同，是人类自我毁坏的结果。"（1998：82）

诺贝尔文学奖得主奥克塔维奥·帕斯（Octavio Paz）在 1964 年写给韦尔塔的私人信件中，就这首华丽的诗歌表达祝贺：

……几个月前，我不记得是在校刊还是在《永久》杂志上，曾经读到过您写的一首关于埃尔塔欣的美妙诗歌。我很高兴您对诗歌的表达如此坚定和精确。在此向您表示祝贺！以下附上这首绝美的诗歌：

埃尔塔欣古城

致戴维·韦尔塔（David Huerta）
及佩佩·格拉达（Pepe Gelada）
由于当地的金字塔经常被雷电击中，托托纳克土著人将此地称为埃尔塔欣①。

> 就这样走着，漫无目的，
> 在这寂寥的空气中静默而行，
> 走在绵软的沙路，走上炙热的草原，
> 走入水中，走向虚无
> ——水不存在，如碎屑般虚无。
> 走在尸体上，
> 走在铺满煅烧头骨的地面。
>
> 就这么走着，
> 其实不是走，其实是想留，
> 对疲惫的翅膀抑或无香的果实无动于衷；
> 因为走得缓慢，走得郁郁寡欢，
> 因为所有一切都已死去，
> 死在这寂寞而温暖的棺木里。
> 我们同样也已死去，
> 死在瞬间，死在这燥热的时节里，
> 死在鸟被击败之时，

----

① 托托纳克土著人认为，统称为"塔欣"的 12 位神居住在此，其中包括掌管雷电的神，因此当地得名"埃尔塔欣"。——译者注

死在口蜜腹剑的蛇消失之际。

无丝毫的逃亡先兆，
这里，冷酷无情，
石碑空无物，
无人，低头无人影，
无物，举目无踪迹。
一切都已盲目静止，
如同一把锋利的用来祭祀的匕首。
俨然一片血海，
轰然石化
在蒸发上升途中。
鲜血源于数个伤口，模糊不清，
和灰烬一起凝固在静止的空气里。

就这样走着，漫无目的，
寂寞无聊，疲惫不堪，
没有生者，亦没有死者，
死者死而再死，
活人埋葬活人。
一把利剑从天而降，

周围被染成金黄，

僵硬，

或变软，像蜂蜜一样

在浓密的阳光下，

在群簇的蝴蝶旁。

无源。

只有睁大而深邃如雕刻过的眼睛

以及破碎的柱子和痛苦的羽毛。

周边一切流传着充斥着奴役气氛的谣言，

在所有的静默中亦是些许谋杀氛围。

周围一切披上寂静的外衣，

干燥的时光中沾染着潮湿的孤单；

万物皆是痛苦。

无帝国，亦无王国。

只是走在自己的影子上，

走在自己的尸体上。

伴随着时间终止，

还有一支受伤的火与气组成的乐队

闯入这寂静的死人屋，

——一只孤独的鸟和一把匕首随之复活。

❸

那么他们——我的儿子和朋友——

登上了山峰，

似乎在寻找雷电。

而我，坐在深渊的边缘休息，

一阵眩晕，

在巨大的蕨类植物中窒息。

我可以用一支麦穗切断我的想法，

用抽泣抑或眼泪阻止发声，

在无尽的痛苦中睡去，

去思考无限的爱及神圣的悲伤；

而他们，在柔软的山坡上，

只是发现，

断垣残壁的底部

沉睡着闪电的回声。

哦，埃尔塔欣，哦，仿佛一艘沉船

在具有破坏力的暴风雨下，

在石堆里；

当人类不再是人类，

所有一切都残缺不全，

只剩下你，不纯洁的荒凉圣殿，

当蛇国已成废墟，尘土飞扬之时，

瘦弱的金字塔可以永远地闭上双眼，

窒息而死，

而在所有死亡中死亡，

在所有生命前失明，

在全世界的沉默之下，

在一切深渊之中。

埃尔塔欣，雷声，神话，祭祀，

自此往后，万物俱寂。

1963 年　于埃尔塔欣

如果说里维拉的壁画再现了埃尔塔欣古城的生活场景，那么韦尔塔在这首诗中，无意遮掩过去的岁月，含蓄地表达出他直面遗址的伤感情绪。诗人本人及其儿子、朋友寂寥地漫步在这片废墟和尘土之上，既给诗歌奠定了感情基调，也给古城笼罩上孤独和死亡的色彩。

诗人首先介绍了托托纳克土著语言中埃尔塔欣名字的由来，接着在诗歌中慢慢将各种意象铺展开来，其中包括象征古代神话和祭祀活动的雷、炙热且煅烧般的闪电。

诗人以这种方式提到了在遗址中看到的坟墓、石碑、断壁残垣、石堆、神庙、金字塔等各类事物，也清楚地描写了浅浮雕中出现的败鸟、孤鸟、遁蛇、祭祀匕首、剑器及眼睛等图案。这些至今能从雕板上认出的图案让人不禁联想到古城曾经的辉煌：

"无帝国，亦无王国。"

诗人还在诗歌中重点描绘了死亡、谋杀、祭祀、死者、迈向死亡的脚步、头骨及遗址的最终命运。饱经沧桑的古城必将面临自身的消亡："自此往后，万物俱寂。"

当然，如今人们会从不同的视角审视埃尔塔欣古城。壁龛金字塔俨然已经成为一个标志，对各类商家和各大教育机构都意义非凡，韦拉克鲁斯大学的校徽上就有金字塔的标志。

很显然，由尤尔根·布鲁格曼主持的考古项目有助于推动本地区旅游业的发展。遗址对公众开放的 50 余座建筑使游客可以领略到古建筑之美。进入考古遗址后，我们能更深刻地感知古人对空间的妙用及其独特的审美。从这个意义上讲，修缮加固殖民之前的建筑结构可以吸引更多游客参观，帮助其更好地了解这段历史。当然，接待参观游客并非开放考古遗址景观最主要的目的。

10 年前的春分那一周，人们在埃尔塔欣古城遗址举行了庆祝活动。当天，墨西哥国内其他诸多的古城附近也举办了所谓的"觅灵"活动。虽然参与者对遗址的相关科学及历史知识知之甚少，且对活动持有不同的理解，但都选择在 3 月 21 日当天（无论是否为春分日）身着白色，因为他们坚信白色能够给予其力量。

根据墨西哥国家人类学和历史研究所（INAH）的研究数据，埃尔塔欣是国内仅次于特奥蒂瓦坎（Teotihuacán）的、接待参观游客人数高居第二的考古遗址。单从经济或政治的角度来看，这似乎代表着巨大的成功，但当务之急是尽快解决游客在景区随意涂画的问题。多数人建议通过延长各大考古遗址景区的参观时间来稀释游客密度。古城的宣传工作值得肯定，必将推动对西班牙殖民之前历史的进一步调查研究，但同时还必须加大对遗址的保护力度，毕竟这些遗址早在 1992 年就已被联合国教科文组织宣布为人类文化遗产。

目前人们对埃尔塔欣古城的了解主要基于考古学的证据以及与殖民之前其他中部美洲①文明的比较。埃尔塔欣古城存在的时间使编年史学家无从着手，因此我们无法获得用欧洲语言编著的特诺奇蒂特兰或玛雅文明的史学资料，并用以证明其伟大。本书试图向世人揭开埃尔塔欣古城遗址的神秘面纱，向其他古城文明遗址研究迈出坚实的一步。从这个意义上说，本书属于探索墨西哥湾沿岸地区城市发展的又一研究力作。

---

① 中部美洲（mesoamericano，又译"美索亚美利加"或"美索美洲"），是一个文化名词，主要包括墨西哥、危地马拉、萨尔瓦多、洪都拉斯和伯利兹这些现代国家在内的区域。"中部美洲"以文化历史上的分界而言，比"中美洲"涵盖的范围更大。——译者注

目 录

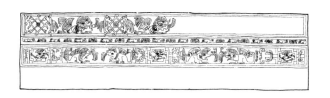

第一部分

位置和环境

地理、生态环境与景观

埃尔塔欣古城地处北纬 20°26′53.01″、西经 97°22′41.67″，位于今墨西哥韦拉克鲁斯州北部城市波萨里卡城（Poza Rica）与帕潘特拉城（Papantla）之间。古城临近墨西哥湾，环境潮湿，四周丘陵分布，溪流环绕，植被茂盛。得益于靠山临海的区位优势，该地区拥有得天独厚的种植业发展条件。加上土地肥沃，水资源十分充沛，适合农作物生长。古城与海岸线之间的直线距离仅约 30 公里，因此鱼类和用于装饰及乐器的贝类繁多。卡松内斯河（Cazones）和特科鲁塔河（Tecolutla）分别流经该地区南北，提供充足鲜活的淡水的同时，也带来了周期性洪水。古城离高山寒土区也不算远，这又为其提供了大量的非热带产品，如用于宗教仪式的普逵酒（pulque，龙舌兰酒的一种）和蜂蜜酒等。有观点认为，上述自然条件也是周边另一古城由华利婵（Yohualichan）诞生的原因（见图 1-1）。

埃尔塔欣金字塔主要由砂质岩构成。砂质岩硬度较低，便于雕刻并很好地表现、保存及流传古城当年的各类神话及仪式。此外，埃尔塔欣人很早就掌握了浅浮雕这一建筑领域的重要技术，能通过光影技术完美地表现出金字塔的规模。金字塔建成后，塔壁线条明朗，色彩斑斓，涂满了各种鲜亮的矿物颜料，单色和多

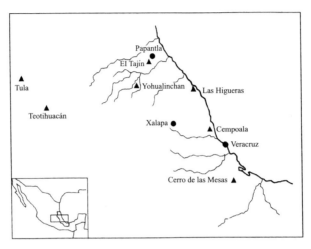

图 1-1　埃尔塔欣古城所在地及上文提及地点的方位图

色搭配得当，代表着当时民众对神灵的无上崇拜。

　　我们可以通过山志学有关方法来绘制市中心不同区域的地形及地貌。埃尔塔欣古城遗址下层区域一般用于举行各类仪式庆典。那里建有众多坚固的金字塔形建筑，作为神庙底座，共同围成广场或球场。周围的山丘此起彼伏，与金字塔的起伏景观及绘有红色、蓝色、白色等不同颜色的矿物颜料的砂质岩塔壁交相辉映。

　　古城遗址地势由南向北倾斜，最高处海拔 200 米，最低处海拔 140 米。自然地势的高低起伏也意味着社会地位的高低差异。建筑海拔越高，代表的地位越高贵，因此，古城高处通常是政治高层和上层宗教人士的居住场所。

　　根据气象学中的柯本气候分类法（Koppen Geiger），该地夏季炎热湿润，冬季温暖干燥，气温在 7 到 40 摄氏度之间，年平均气温为 25 摄氏度，总体属于热带草原气候，气候类型与塞内加尔气候类似，适合穿着轻便棉质衣物和华兰切斯鞋（huaraches）①进行户外活动，这一点也可被金字塔壁浅浮雕上随处可见的人物服饰所印证。

当地全年均有降水，其中 6 月至 10 月雨量最大，为热带植被的生长提供了充足的水分。因此古城植被繁密，风景秀丽。这些热带植被也为古城遗址这片荒芜之地披上绿装。

目前，这片区域多用于放牧和种植柑橘、甘蔗及香草等作物。玉米、豆类、辣椒、南瓜等在西班牙殖民时期之前已被广泛种植，并成为当地主要的作物。这些农作物主要用于自给自足。当地的原生植被属常绿林，亘古以来枝繁叶茂，布满整片山丘，绿色的山丘远观给人一种人造景观的错觉。

金字塔的浅浮雕上雕刻有各种动物及植物，既包括可可树、金刚鹦鹉、美洲虎等在当地早已消失的动植物，也包括域外的其他动植物物种，例如龙舌兰或鹰。

古城的底部土壤层为灰色黏土沉积物，虽然能防水，但时间一长也对金字塔的塔身保护构成威胁。灰色黏土以上的黄色黏土层作为古城建筑的底座，这样形成的地基极其不稳定：地下水位会因为集中降雨而快速增高，也会因连续干旱而明显下降。这种

---

① 华兰切斯鞋（音译），是一种土著人穿的皮革鞋，最早出现在墨西哥中南部。——译者注

无法预见的水位持续变化和浸泡使得古城底部不稳定，进而影响到金字塔结构的整体稳定性。

政治环境：古典延伸时期的城市

为更好地了解埃尔塔欣古城遗址所处的年代，我们有必要先大致梳理一下历史的发展脉络：公元 800—1200 年间，埃尔塔欣城建立并逐渐发展起来。特奥蒂瓦坎城从公元 200 年至公元 800 年，在时间上对应的是古典时期。公元 650 年前后，特奥蒂瓦坎城的城市人口急剧减少。沿着这条时间线索，我们可以推断出公元 650—1000 年前后属于古典时期与后古典时期之间，涵盖了古典时期晚期至后古典时期早期，或称为古典延伸时期①。

实际上，从前面提到的特奥蒂瓦坎城的衰落开始，各城市居住中心直接或间接地从特奥蒂瓦坎城分离，纷纷建立起新的政治、军事和宗教组织，这是发生在后古典时期的典型现象。同时，中部美洲各地产生了地区性的文化热潮，埃尔塔欣城在同期取得长足的发展，经历过科亚特兰特尔科时期②（Coyotlatelco）的村镇化现象后，进入了城市聚集发展阶段。

当时多地广泛流传这样的神话形象——克特萨尔科瓦特尔

---

① 表 1-1 引自西文原著，其中与此处描述有出入，仍保留其原貌。——译者注
② 科亚特兰特尔科时期约为公元 800—950 年。——译者注

（Quetzalcóatl），也称羽蛇神。它是种特殊的神灵，完美地集矛盾对立的元素于一身，融合了当地土著民众和外来入侵者的不同特点。特奥蒂瓦坎古城风格一直以来被当作声望的象征，在古典延伸时期，这一理念得以传承及发扬，并发展出了自身新的特点，因此像霍齐卡尔科（Xochicalco）、图拉（Tula）、卡卡希特拉（Cacaxtla）、坎通纳（Cantona）、奇琴伊察（Chichén Itzá）和乌斯马尔（Uxmal）等大城市蓬勃发展起来。这些城市的市民为了表达对羽蛇神的崇拜，加深人们对羽蛇神代表的金星运行周期的了解，开展了各种宗教活动，其中包括举办球赛。当然，随着新兴城市的兴起及政权世俗化进程的发展，各地间也爆发了不少冲突，城市及社会政治秩序不稳定。中央城市权力衰落之时，各新兴城市纷纷加入争夺政治经济霸权的行列。

埃尔塔欣古城遗址中心附近及四周还发现了更早时期的人类定居点，这与威尔克森（Wilkerson）提出的年代顺序吻合。威尔克森认为圣路易莎遗址（Santa Luisa）的时间跨度将近 8 000 年（Wilkerson，1987 & 1994：59）。这一年代划分也被帕斯夸尔·索托（2006：22-23）用来确定埃尔塔欣古城本身和周边地区所处的历史阶段。

遗址的中心仪式区建起了许多神庙和广场，神庙用以举办宗教仪式，广场的设计目的是加强城市管理。然而，考古学家对出土的陶瓷碎片研究后发现，历经 400 年风雨的中心仪式区属于完整的地形单元。马可·安东尼奥·雷耶斯（Marco Antonio Reyes）曾对中心仪式区及塔欣·奇科住宅区遗址的 85 750 块碎片进行分析，并得出结论：未发现前古典时期、古典时期早期或后古典时期晚期的相关物质证据（Reyes，1996：86），因此埃尔塔欣城存在的时间大约为公元800—1200年。

将埃尔塔欣城市发展的阶段进行前后延伸，我们可以推断出从城市发展前期直至城市有人居住后的大致时间段。埃尔塔欣城的发展大致可划分为以下阶段（见表1-1）：

◆ 前城市发展时期（公元600—800年）。古城周边的城市中心开始建立，如莫尔加达·格兰德城（Morgadal Grande）及塞罗·格兰德城（Cerro Grande）。埃尔塔欣城内的阿罗约广场（Plaza del Arroyo）开始建设，城市广场、道路分别呈现出由北向南、从东向西的布局，工匠用高浮雕手法刻画统治者的肖像。

◆ 城市巩固阶段（公元800—900年）。周边农村人口逐渐演变为城市纳税人群。城市建筑多位于最早建立的广场以北。建筑顶部用来装饰裙板和飞檐的壁龛进一步丰富了当时的建筑风格。球场上摆放的雕塑多为人像或神像，分别位于球场墙侧的六个点上（四角和两个中心点）。自此，雕塑成为埃尔塔欣建筑的主要元素。

◆ 城市扩张阶段（公元900—1100年）。本阶段属于埃尔塔欣城发展的繁盛时期，实行中央集权和专制制度。周围的由华利婵和夸钦特拉市（Coatzintla）等均处于埃城的控制之下。埃城的城市规划并未遵循中部美洲传统的模式，而是呈现出奇特的建筑布局，使得人们往往需要经过崎岖弯绕的道路才能到达另一处建筑。浅浮雕雕塑复杂，主要表现各种宗教仪式和神话场景及相关人物。建筑中的石板被切割堆砌，其技艺之精湛在壁龛金字塔或羽蛇神殿（Gran Xicalcoliuhqui）建筑中表现得淋漓尽致。

◆ 城市破坏阶段（公元 1100—1200 年）。埃城人口离散，城市被遗弃。

◆ 后城市发展时期（公元 1200—1500 年）。尽管埃城已被废弃，周边地区仍不断有人继续在遗址的祭祀区举办朝圣、葬礼等。

表 1-1　历史纪年表

公元纪年	传统的纪年法	特奥蒂瓦坎纪年法	圣路易莎市的地区纪年法	埃尔塔欣纪年法	
1500—1600 年	后古典时期晚期		统领时期	后城市发展时期	
1400—1500 年					
1300—1400 年					
1200—1300 年	后古典时期早期		埃尔·克里斯托时期		
1100—1200 年				埃尔塔欣时期（Tajín）	城市破坏阶段
1000—1100 年	古典延伸时期		B 岛时期		城市扩张阶段
900—1000 年					
800—900 年	古典时期晚期				城市巩固阶段
700—800 年		梅特佩克（Metepec）	A 岛时期	前城市发展时期	
600—700 年		尤那潘（Xolapan）后期			
500—600 年	古典时期早期	尤那潘早期	卡卡华塔尔（Cacahuatal）时期		
400—500 年		特兰米米洛尔帕（Tlamimilolpa）后期			
300—400 年					

文化背景

民族身份

对于埃尔塔欣土著的民族身份众说纷纭。托托纳克人长居于此，坚持认为自己是埃尔塔欣城创建者的后代。但是，考古学界至今仍在讨论，无法断言我们如今了解的、殖民前的托托纳克文化是否与埃尔塔欣繁盛时期的托托纳克族存在直接联系。

西班牙人到达墨西哥湾沿岸碰到的第一个土著居民就是托托纳克人。托托纳克人居住在基亚韦斯特兰城（Quiahuiztlan），对面是坎波拉城（Zempoala）。当年西班牙殖民者科尔特斯（Cortés）就是从坎城出发，踏上了征服特诺奇蒂特兰的道路。殖民编年史对两座城市都有记载。因此，一旦我们确定了城市居民的身份，便可用来确定相关建筑、雕塑或绘画的风格特征。此外，考古学家还可通过研究陶瓷残片确定不同时期的建筑特征及其联系。深入分析后，我们发现，西班牙殖民之前的托托纳克遗迹与埃尔塔欣遗迹并不吻合。当然，我们还必须考虑到这样一个因素：从公元 1200 年埃尔塔欣城的衰落到 16 世纪初西班牙殖民入侵之间间隔较长时间，这在一定范围内可能会出现偏差。尽管如此，托托纳克与埃尔塔欣在考古遗迹方面并不存在任何联系。

虽然托托纳克族如今一直居住在埃尔塔欣地区，但是语言学家们对托托纳克土著语言从普埃布拉山脉（Puebla）传播至墨西哥湾的时间仍争议不断。

麦德林·泽尼尔 1960 年在他的经典著作《托托纳卡潘的陶器》（*Cerámicas del Totonacapan*）（1960a）中对托托纳卡潘（Totonacapan）的地理概念做出了如下界定：

> ……北边有卡松内斯河，南边为帕帕洛阿潘河（Papaloapan），科萨马洛阿潘（Cosamaloapan）不被包含在内；西边包括瓦哈卡（Oax）的阿卡特兰·德·佩雷斯·菲格罗亚（Acatlan de Pérez Figueroa）。普埃布拉的东部，从特瓦坎（Tehuacán）周边至查尔克木拉（Chalchicomula），沿着山脉一直延伸至萨卡特兰（Zacatlán），甚至包括梅特拉尔托尤卡（Metlaltoyuca）附近地区，与南边的瓦斯特卡（Huasteca）南部接壤。（Medellín，1960a：3）

一直以来，人们都认为托托纳卡潘地区是统一的地理单元，这种地理意义上的统一，容易让人们误以为文化与时间也存在统一。事实上，只要我们认真反思托托纳卡潘地区前后历经的各种风格变化，便不难理解这样一个事实：当地存在巨大的种族和文化差异。麦德林本人本着更为科学的态度肯定了这一观点：

> 依据墨西哥的科学考古原则，学界通常认为托托纳克文明是西班牙殖民者抵达之后的托托纳克族所在地区内各种文明元素的总和。由于缺少相关考古数据，目前学界倾向于不

以过去的物质遗存作为确定现有任何一种文明的民族身份的
唯一标准。(Medellín，1960b：19)

麦德林认为，托托纳卡潘地区文明指的是"韦拉克鲁斯中部
的土著文化，'塔欣文明'属于其中一类"。我们更同意这种观
点，因为它体现了文明多元性。事实上，我们今天所指的韦拉克
鲁斯中部文明，融合了埃尔塔欣、雷莫哈达斯（Remojadas）、米
克特奎拉（Mixtequilla）、托托纳克等多种文明要素。

或许出于政治压力，麦德林被迫选择了"韦拉克鲁斯中部文
明"的论断，这种错误的文化统一论明显与他自己的研究成果相
违背。尽管显得有些荒唐，但考古学科无法置身于特定的政治环
境之外。发掘出土的文物被作为追溯有关身份认同的依据，常常
出现在考古学研究论文中。就韦拉克鲁斯的考古情况而言，托托
纳卡潘是用错误的地理统一概念定义不同的地理空间，将时空上
相距甚远的事物混为一谈，误导了游客和艺术爱好者。甚至部分
学者及知识分子也以为"笑脸"陶像属于埃尔塔欣文明，而事实
上这些陶像从未在埃城出现过，它们发掘的准确地点为韦拉克鲁
斯南部的米克特奎拉地区，时间上约为古典时期早期，应早于埃
尔塔欣古城文明时期。

一旦认识到这种多样性特征，我们便可就托托纳克族与埃尔
塔欣城之间存在必然联系的论点进行探讨：

1. 考古遗址残骸

西班牙殖民者到来之前的托托纳克地区发掘出土的陶器、建
筑、雕塑和绘画等考古特征与在埃尔塔欣城发现的完全不同。

事实上，当西班牙人到达新大陆，即现在的韦拉克鲁斯沿岸时，与托托纳克族有了初次接触和互动。西班牙殖民者记载和描述了基亚韦斯特兰城和坎波拉城的有关情况，两座城市显然已经被开发过了。我们必须考虑到两座城市的鼎盛时期年代不同，尽管都处于后古典时期晚期，但是仍无法找到两者在建筑、雕塑、绘画及陶器风格等方面的统一特性（陶器在考古学上通常被用来识别文明的发源、影响及区分文明间的差异）。

2. 埃尔塔欣城现在由托托纳克族居住

语言学家们已经了解到，托托纳克土著语于公元 850 年前后传至墨西哥湾沿岸（Manrique，2008），从而切断了玛雅和中部美洲北部的瓦斯特卡与尤卡坦半岛的语言关联。人们不禁会问：当托托纳克族到达墨西哥湾沿岸时，埃尔塔欣城是否早已建成？据我们推测，埃尔塔欣城当时极可能已处于发展鼎盛时期。另外，我们所知的由华利婵城位于埃尔塔欣周边，建筑风格与埃城一致，今天的居民却是纳瓦特人。因此可以得出结论：目前无法根据特定种族的现居地来确定其真正的起源。

3. 关于胡安·阿特金（Juan Atzkin）的神话

1948 年，在伊莎贝尔·凯利（Isabel Kelly）的指导下，罗伯托·威廉斯（Roberto Williams）进行了田野调查，期间听闻一个关于埃尔塔欣古城的传说。他将此次的调查成果出版在《埃尔塔欣的托托纳克族群》（*The Tajin Totonac*）一书中，该书涵盖了历史、种族、经济和技术等方面内容。基于威廉斯和安赫尔·帕勒姆（Ángel Palerm）的调查成果，该书第二卷将主要论述非物质文化内容（Kelly & Palerm，1950：xiv）。而事实上，该书第二卷从未出版，书中可能涉及的神话内容仅在一些场合被提到过。神话部分我们将在后文中加以论述。

加西亚·佩昂将南赛球场的板雕拼接在一起，从中发现了一个人物形象，该人物被绑在位于建筑中的水纹中。罗伯托·威廉斯认定这个人物就是神话中的胡安·阿特金。事实上，他的这种身份认定的观点根本站不住脚，因为即便该神话人物就是胡安，但由于这个神话流传范围很广，根本无法依此来确定特定种族的身份。

鉴于此，虽然无法得出最终的结论，但自 1960 年麦德林提出埃尔塔欣文明之后（1960b：19），人们一直热衷于讨论该文明的起源。埃尔塔欣城的独特风格和创新，使我们仍愿坚持认为它与中部美洲的其他地区在文化上存在一定的关联。

一千年前，埃尔塔欣城已成为本地区最重要的城市中心。埃城的兴盛并非孤立现象，而是继承了前人成果、吸收同时代中部美洲地区其他文明的优秀经验之后再创新的结果。当然，这种创新反映在时间和空间的扩展方面，后文我们会对此详细论述。

特奥蒂瓦坎的遗产：影响及分歧

特奥蒂瓦坎城产生了各种思想、神话及宗教仪式，其独特的风格和习俗声名远扬，影响广泛。

因此，从埃尔塔欣找到特奥蒂瓦坎类似的文化要素和行为方式完全不足为奇。现在，我们在两地都发现了相同的符号标志及手工技艺。

尤其在绘画方面，两座城市都采用颜色组合的技法，比如，粉红与红色的搭配在特奥蒂瓦坎城十分流行，也多次出现在埃尔塔欣。学者戴安娜·玛嘉洛尼（Diana Magaloni）（1996）曾对特奥蒂瓦坎的壁画技术特点做过详细描绘，这一描绘同样完全适用于塔欣·奇科的壁画，无论是画架准备还是色彩运用方面，都能看出前者对后者的影响。然而，戴安娜也对两者细微的差异进行了区分，"埃尔塔欣的艺术家是通过植物糊添加剂调制石灰获得绘画颜料"（2004：437），由此也可以看出玛雅艺术对埃城艺术的影响。

绘画题材方面，两城也有类似之处。特奥蒂瓦坎的阿特特尔科壁画（Atetelco）中的一些符号也多次出现在埃尔塔欣 I 建筑中的壁画里（见图 1-2）。两城壁画还有不少共同点：由不同的建筑元素构成、突出十字架和奥林（蛇形太阳神）等符号。

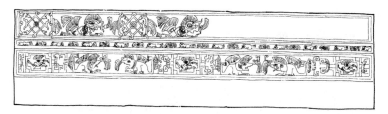

图 1-2　埃尔塔欣 I 建筑壁画

索尼亚·伦巴多（Sonia Lombardo）曾指出，特奥蒂瓦坎壁画由"一系列独立的绘画单元组成，各单元间连续性并不强，而是通过水平位置的变化区别开来……"（Lombardo，1996：15）。

但壁画在主题上存在关联，这也正是位于埃尔塔欣 I 建筑上的壁画特点。

由于各建筑元素的设计尺寸不一，我们暂且忽略它们在图形方面的关系。换言之，各建筑单元可视为相互独立的个体，保持自己的排列规律，与自带的设计图案并不存在所属的对应关系。例如，建筑飞檐上的奥林形装饰在垂直方向上既可指四肢健全的活人，也可指壁板底部绘着的"四脚蛇"——蜥蜴。

壁画背景的颜色极具层次感：飞檐为绿色、平角线为粉红、壁画板为红色。同一绘画单元的设计几乎完全一样，我们通过不同的编码加以区分。在勘探和加固建筑过程中，在平整的墙面上也发现了带有漩涡眼的人物形象，与在墙壁飞檐上出现的图案相同。

由此我们可以推断，壁画墙一旦准备好，就可以通过绘画单元分配好各自的设计图案，然后这些图案便会照着一个模式被不断复制出来。

壁画的图案处理成平面，没有透视或阴影，容易形成彩绘玻璃的效果。

壁画多为宗教神话题材：既有头戴羽冠、身披斗篷、带着羽尾、长着漩涡眼和犬齿、全身满是珠宝但体型瘦削的四足神秘动物，也有头戴羽冠和凸眼面具、口露蓝色毒舌、形似蜗牛的神秘人物。人物和动物通常排列成十字形，十字是埃城建筑中的重要元素。太阳神奥林的形象在飞檐和壁板上随处可见，应该是在传达基本的"运动"概念。

由于埃尔塔欣 I 建筑壁画与特奥蒂瓦坎壁画在图像处理、图案设计和整体构图方面十分相似，似乎可以再次说明其受到特奥蒂瓦坎壁画的影响。回顾之前戴安娜·玛嘉洛尼提到的壁画技法和视觉语言特征，我们可以断定：

> 特奥蒂瓦坎壁画的突出特点主要表现为两点：一是色彩清澈明亮、有紧凑感；二是壁画切口排列重叠、组合精确，形成彩绘玻璃的效果。

> 画师通过不同色块的饱和度调节壁画的整体颜色。壁画表面颜色饱满而厚实，虽然视觉效果无明显差别，但实际上体现了壁画平面的二维性。

> 至于壁画图案所呈现的三维立体效果，既不是通过颜色的深浅对比，也没有借助明暗刻意制造远近效果，同色的色调变化也不追求自然主义的效果。

> 壁画背景为深红色，其他色彩的图案要么看起来漂浮其上，要么深陷于充满彩色小碎块的空间里。由于没有阴影或造成阴影效果的元素，在缺乏明暗对比的情况下，壁画图案并不具备轻重特征。

> 观众看到的壁画中的各种形象，虽然是受到真实动植物和人物形象的启发，但与自然界的真实生物的模样还是有较大差别。（Magaloni，1996：190）

上文所说的特奥蒂瓦坎的壁画技法似乎完全适用于埃尔塔欣壁画。然而当我们回顾伦巴多（1996）指出的特奥蒂瓦坎壁画各发展阶段特征后，我们在各个阶段的埃尔塔欣壁画里也发现了类似的元素：

与特奥蒂瓦坎的各个发展阶段相同，埃尔塔欣Ⅰ建筑的壁画设计也是和不同的建筑元素对应的（除了特城的斜面、裙板和线脚，埃城还出现了飞檐）。壁画的设计尺寸取决于所在的建筑空间。在特奥蒂瓦坎的第一个风格发展阶段，多次出现了缠绕的漩涡图案，该图案在埃城遗址里也很常见（1996：21）。

特奥蒂瓦坎的第二个风格阶段出现了动物及半人半动物的形象（1996：22），人们在埃尔塔欣遗址Ⅰ建筑壁画中也发现了它们。

特奥蒂瓦坎的第三个风格发展阶段，出现了我们在埃尔塔欣Ⅰ建筑的塔板底部也发现了的红色背景（1996：28）。第四阶段，特奥蒂瓦坎出现了人像及表意文字，就像在埃尔塔欣壁画中经常出现十字形状和奥林图案一样。

为了更精确地解释特城和埃城的壁画中出现的表意文字及各建筑构件的空间划分，我们以特奥蒂瓦坎城的阿特特尔科祭坛壁画为例进行详细介绍（见图1-3）。从这幅画中，我们不仅能找到各建筑构件的层次分布，也能惊奇地发现埃尔塔欣古城Ⅰ建筑壁画中出现过的奥林形、十字架等图案以及与表意文字相关的羽蛇神。

按照伦巴多的说法，阿特特尔科壁画出现在特奥蒂瓦坎壁画的第四个风格阶段（1996：35），对应的是尤那潘时期（公元450—700年）（1996：34），即埃尔塔欣古城的繁盛时期（公元

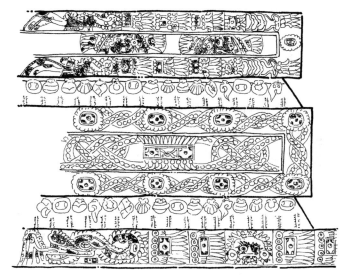

图 1 - 3 阿特特尔科壁画

800—1200 年）之前。

这似乎表明，两者在壁画技法上类似，在绘画知识及风格上也存在相互交流。我们或许可以猜想，要么特城人去埃城传授过壁画准备、获取及使用颜料的专业知识，要么埃城画家曾前往特城拜师学艺。

两城遗址发掘出的陶瓷形状相似，如刻有兔十三（Trece Conejo）浅浮雕的陶器，这个我们会在后面的遗址陶器部分详细论述。但是，目前尚未找到两城之间陶瓷制作方面直接交流的物证。

特奥蒂瓦坎实实在在地对埃尔塔欣产生了深刻的影响。与此同时，我们还必须认识到，埃尔塔欣在各个领域也进行了创新。

建筑方面，虽然埃城继承了特城的裙板和斜面设计，但在轮廓上有所改进。因此，从某种程度上可以说，埃尔塔欣城的建筑完全不同于特奥蒂瓦坎城。如果说特奥蒂瓦坎城的雄伟壮观是建立在庞大厚重的石块基础之上，那么埃尔塔欣城则通过明暗变化减少外墙的厚重感，并利用壁龛的中空装饰金字塔的裙板。

飞檐的加入是埃尔塔欣城一大创新，同样极大地改变了我们对建筑轮廓的原有认知。

两座城市在城市规划方面的差别更加明显。特奥蒂瓦坎古城的建筑布局清晰，以死亡大道（la Calzada de los Muertos）为中轴线，所有建筑沿这个轴线分布。埃尔塔欣古城在城市规划及道路布局方面则较为混乱。正如布鲁格曼（1991b：101）指出的，埃尔塔欣古城的城市规划、建筑分布及广场布局反映了当地人别样的理念和思想，这部分内容我们将在后文的宇宙观部分详细论述。

埃尔塔欣城与特奥蒂瓦坎城的另一差别体现在对统治者的崇拜程度上。埃城的浮雕作品大肆赞扬统治阶层的荣耀和功绩，将其英名载入史册，而在特城，未曾发现任何表现当权阶层形象的艺术作品，这让人不禁猜测特城是由理事会进行集体管理。埃尔塔欣这种崇尚权力及阶层、赞扬当权者功绩的做法与世界上的大多数文明一样，尤其是中部美洲的玛雅文明。

社会等级的差别是埃尔塔欣城与特奥蒂瓦坎城的又一区别。住房类型和建筑材料是判断居民社会阶层的重要指标。与特奥蒂瓦坎城统治阶层的做法不同，埃尔塔欣城统治阶层从未为平民提供石头房屋，只有城内少数上层人士有权住在石头、灰泥建造的房屋内，普通民众只能将就住在易腐材料搭建的房子里。

古典延伸时期，埃尔塔欣城与特奥蒂瓦坎城的相似之处表现在双方的大城市都是宗教中心，属于信徒的宗教集聚地。这些中心城市因宗教信仰而建，主要用于举行各类宗教庆典仪式。随着时间的推移，这些城市接待的信徒数量不断增多，慢慢地这些信徒定居在城市周围，这是古典延伸时期城市发展的特征之一。宗教既维护了统治阶层的权威，也为其实施大规模建设提供了合法理由。

与玛雅文明的关系

埃尔塔欣城与古典时期的玛雅城也有不少相似之处，我们更加确定双方在宇宙观及政治组织形式上都存在一定关联。

和玛雅的许多大城市一样，埃城时期出现了"城邦"，即以宗教为基础，通过军事组织对城市进行管理。以下我们将对这种组织形式加以详细论述。

与多数玛雅城市类似，埃城以地形起伏为基础划分城市的功能分区。建在山顶上的与雅典卫城类似的建筑既是统治的象征，也行使实实在在的政治权力。底层民众很难了解到高深、神圣的知识，就像住在城内低处的人们很难进入高处显赫的建筑群一样。

我在这里无意将埃尔塔欣与高度发达的玛雅文明置于同一发展高度，但有人认为埃尔塔欣的土著语言与玛雅土著语的相似性意味着两者在思维结构上也存在相似性。甚至在埃尔塔欣城还发现了玛雅文字，比如说在埃城 11 号建筑的壁画上就发现了阶梯回纹图案 kin（意为日或太阳）和 muluc（意为玉或雨）。虽然它们并不是纯粹的表意文字，只是作为壁画中的装饰元素。

我们还在 I 建筑的墙壁外侧发现了风神图案，图案是海蓝色，上面叠加玛雅文明特有的蓝色，神灵的胸腔和手臂上都刻有玛雅文字符号 Ik（意为风），别具手抄古籍中玛雅神灵的神韵（见图 1 - 4）。

图 1 - 4　I 建筑壁画上的神灵，与特拉洛克及风神相关

我们从圆柱体的浮雕作品残迹上还识别出一对双胞胎，正围着一个绘有奥林图案的球。球被地生怪物吞噬，旁边还有一人拿着球正对一具骷髅。双胞胎、球赛、米克特兰（Mictlan）等立马让人想起埃尔塔欣城流传甚广的有关波波尔·乌（Popol Vuh）

的神话。

瓦斯特卡邻居

埃尔塔欣古城遗址出土的文物揭示了它与瓦斯特卡文明间的联系。其中一些陶瓷碎片表明，物品间的交换和思想的碰撞交流是相伴相生的。

埃尔塔欣城发现过一个南瓜形雕塑，与费利佩·索利斯（Felipe Solís，1981：43 - 44）在泰约城堡（Castillo de Teayo）发现的雕塑造型类似。两者唯一的区别在于南瓜的瓣数，埃城的南瓜有十瓣，泰约城堡的南瓜只有八瓣。埃城直到衰落之后，仍然从瓦城邻居那里源源不断地获取各类日用品资源。这样，我们才能解释为什么后古典时期的漂亮铜铃上出现了眼罩装饰。这是瓦城人的用具的一部分，目前收藏于哈拉帕（Xalapa）人类学博物馆。尽管两地可能存在贸易交往、文化交流或战争冲突，并且可以由此解释出土文物的相似之处，但还是有考古学家认为，埃尔塔欣的建筑、雕塑和陶器与西班牙殖民时期之前的瓦斯特卡文明的风格并不完全相同。

韦拉克鲁斯以南地区的影响

韦拉克鲁斯的文明历史源远流长。自前古典时期起，韦拉克鲁斯以南及塔巴斯科（Tabasco）地区就居住着中部美洲最早的文明土著——奥尔梅克人（Olmeca）。自此，韦拉克鲁斯南部便诞生了多种文明形式，至今我们仍能从出土的各式精美石器与陶塑作品中找到文明发展的痕迹。

值得一提的是，部分学者坚持认为，这一重要的文明中心是沿着墨西哥湾海岸由南向北逐步发展起来的。

顺着前面的研究思路，我们会发现，像缠绕及漩涡等具有埃尔塔欣风格的装饰图案早已经出现在米克特奎拉地区。芭芭拉·史塔克（Barbara Stark）仔细分析陶器碎片后得出结论：虽然大多数陶器来自古典时期晚期（公元600—900年），但部分陶器碎片样本也很有可能源于古典时期早期（公元300—600年）（Stark，2001：129）

帕帕洛阿潘盆地的里奥·布兰科地区（Río Blanco）一带常见的瓦罐便囊括了上述时期的特点。人们惊喜地发现瓦罐上的图案与许多埃城立柱上的图案类似，冯·温宁（Von Winning）（1996）、古铁雷斯·索拉诺（Gutierrez Solano）（1996）、切拉·维利（Cherra Wyllie）（2008）及雷克斯·昆兹（Rex Koontz）（2008）等学者都曾先后对此有过论述。比如，在两地出土的陶器上都刻画了土著首领掌权后接受象征至高权力的项链及羽毛的场景。除此之外，瓦罐上还出现了装扮成鸟类的骑士及漩涡眼标志，后者被认为是埃尔塔欣城特有的双体神及单脸双侧神的代表。

上面所提到的漩涡眼侧脸神像也常出现在后奥尔梅克时期的石碑上，在韦拉克鲁斯以南帕帕洛阿潘盆地的塞罗·德·拉斯·梅萨斯（Cerro de las Mesas）及拉·莫哈拉（La Mojarra）等地区都有发现。

帕帕洛阿潘盆地里奥·布兰科地区出土的浅浮雕陶器可追溯到古典时期，陶器上的人物穿着与埃城立柱雕刻上的人物服饰类似，部落首领的权力交接仪式上被赠予的器物也与埃尔塔欣城立柱上兔十三就位典礼上的相似。此外，陶器上的神灵形象也神似埃城建筑墙裙上的神像。

人们经常在埃尔塔欣的圆柱宫上发现一种浅浮雕陶器，与帕帕洛阿潘盆地里奥·布兰科地区出土的浮雕陶器在很多方面都相似。但两者也有差别，主要体现在前者通过陶印反复压制获得浮雕图案，后者采用陶模技术，将单个场景表现在整个陶器表面。之后我们会在陶器部分详细论述，这里只是简单指出两者的相似之处。

回到我们之前的话题。米克特奎拉地区的浅浮雕瓦罐受到了特奥蒂瓦坎文明的影响，这点已毋庸置疑。在韦拉克鲁斯以南的图斯特拉（Tuxtlas）地区，马塔卡潘（Matacapan）曾沦为特奥蒂瓦坎的附属地。由此一来，我们之前所说的埃尔塔欣受到了特奥蒂瓦坎文明的影响，更确切地说，应该是受到了韦拉克鲁斯以南地区文明的影响。当然，特奥蒂瓦坎文明也深深地影响了韦拉克鲁斯以南地区。

希格拉斯遗址壁画：韦拉克鲁斯中部邻居

希格拉斯文明中最为人所知的艺术表现形式当属壁画。

仅在金字塔结构的顶部神庙里，就能发现令人叹为观止的叠加壁画。

与埃尔塔欣的壁画不同，希格拉斯的壁画绘制在相对简单的
建筑构件上，各单元被分割开来。因此，人们不难在本地建筑表
面上发现各种独立的人物形象以及单独的、相互分隔开来的设计
图案。

与中部美洲其他地区一样，希格拉斯的壁画人物正面多表现
身体及眼睛，侧面则多展示脸和脚。壁画中的人物形象类似于埃
尔塔欣，轮廓清晰扁平，未突出明暗对比，但绘画笔触却更加自
由。即使事先已规定好需要绘制的宗教场景、事因或人物，但由
于无需连续重复相同的设计，画家被给予了更多的创作自由。因
此我们就不难理解，在墙壁的同一区域发现被多次绘制的相同场
景。例如，在原绘有球赛的壁画上覆盖新图像时，需要重新描绘
原来的场景。

但与埃尔塔欣的壁画不同（除塔欣·奇科少数残存的壁画遗
迹外），希格拉斯的多数壁画颜色较为自然清亮，使人容易感受到
画面的整洁美和人物的空间感。同时，由于希格拉斯的壁画并未
给画家强制事先划分构图空间，画家享有更多的创作自由，因此，
绘制出的人物间隔距离往往不同，又为壁画添加了一种韵律感。
这点与埃尔塔欣壁画截然不同，后者中经常出现壁龛及回纹等等
距装饰图案。此外，希格拉斯壁画在绘画技巧方面也略胜一筹。

虽然与埃尔塔欣的壁画差别较大，但希格拉斯的壁画传统保
留了浅浮雕中的多种艺术风格和主题，我们之后会详细论述。

例如，负责埃尔塔欣和希格拉斯两处遗址的壁画修复工程师
胡安·桑切斯（Juan Sánchez）（1992）在工作中发现，埃尔塔

欣的浅浮雕雕塑作品中包含着两处遗址在艺术主题和技法上的相似之处。

希格拉斯壁画的上顶边框偶尔出现链条图案的装饰，这与裙板装饰壁龛金字塔的道理类似。画中的人物脚踩下边框，下边框本身也构成壁画场景的一部分。

我们还发现希格拉斯壁画中的人像、用品及服饰与埃尔塔欣壁画上的也出奇相似，相邻人物之间的大小差别也与后者立柱上雕刻的类似。

两处壁画经常出现的主题有：

——球赛之后的斩首祭献仪式场景。其中被斩首者坐在骷髅球上，脖子处伸出数条蛇。球位于球场中间位置，球场位于两座金字塔之间，金字塔上坐满观众。

——男子躺靠在鲨鱼和水生动物上（见图1-5）。鲨鱼及男性的设计特点，让人想起埃尔塔欣南赛球场中北部的场景。还有一列游行队伍演奏乐器，另一队伍戴着锁链，使人想到埃尔塔欣立柱上雕刻的献俘场景。

图1-5　希格拉斯壁画：画中男性人物平躺，被绑在水中

——我们在希格拉斯的壁画底部还发现了与埃尔塔欣壁画中类似的羽蛇神，羽蛇神身体缠绕，呈现出粉红叠加红色的效果

（这种颜色组合经常出现在特奥蒂瓦坎古城，埃尔塔欣城偶尔也有发现）。羽蛇神在埃尔塔欣的浅浮雕中十分常见。

——我们发现两处壁画均多次出现奥林形。由于与希格拉斯神社西侧的太阳图案相关，奥林形也出现在神社东入口处。有必要指出，埃尔塔欣雕塑和壁画中经常出现的十字形，也构成了希格拉斯神社设计的主要元素。

值得注意的是，神社南侧有大量叠加壁画，这可能与神社数次修复中的某次失误有关。同时我们还发现叠加壁画的主题不断重复，由此断定壁画的主题与其所处方位存在一定关联。虽然壁画西南角的场景不全，但我们依然可以发现人物和场景重复出现，水流形态各异，既静止又流动。壁画东南角则再现了黑人游行的场景。有人猜测，这大概是出自另一风格迥异的艺术家之手。壁画主题每隔五层重复一次，并非随意选择。

由此我们可以肯定，希格拉斯画家无论是在主题、样式、取景技巧方面，还是在日用品、神话、仪式及符号等内容方面都对埃尔塔欣画家产生了重要影响。但是让人感到奇怪的是，希格拉斯的二维浅浮雕而非壁画对其产生了直接影响，两者在浅浮雕方面存在诸多相似之处。

这里我们要谈及的是埃尔塔欣的浅浮雕中出现的场景。其中有球赛后的祭祀仪式场景，有漩涡眉的双头蛇，有被绑在水生环境中的男性（见图1-6，与南赛球场的中北部浮雕上场景类似），还有身体被太阳覆盖的人物形象。总之，所有的场景似乎都源自同一神话，向世人传达他们的信仰。绘有壁画的建筑从东到西排列，太阳图案代表日出与日落概念，这与壁龛金字塔中壁龛的排列原理类似。

图1-6 与之前提到的男性姿势相同，该浅浮雕上的男性平躺，绑于水中

这种图画场景上的关联表明两者的神话与宗教仪式方面有许多相似之处。

因此，我们再次推测希格拉斯的影响沿墨西哥湾由南至北不断扩展。这种影响既体现在宗教思想方面，又体现在日常用品上。这些日用品更早出现在古典时期晚期（公元600—900年）及古典延伸时期的埃尔塔欣南部地区。

周边邻居

埃尔塔欣城市周边的早期文明似乎为埃城后来的艺术发展奠定了一定的基础，尤其体现在其高度发达的艺术形式方面，浅浮雕雕塑便是其中的代表。虽然至今难以确定这些雕塑作品的确切日期，但有可能最大限度模仿埃尔塔欣的雕塑风格，或是在雕塑材料上存在关联。这样看来，周边地区发掘出的所谓埃尔塔欣风格的雕塑，并非时间更早，只是质量更次。

阿图罗·帕斯夸尔·索托（2006：32）指出，埃尔塔欣城的前身建在塞罗·德尔·奥埃斯特山区（Cerro del Oeste），并指出曾在此找到古典时期早期的陶器（公元350—600年）。同时他认为，周边的莫尔加达·格兰德和塞罗·格兰德也为埃尔塔欣城市的发展奠定了一定基础，因为两地自古典时期早期起便得以发展，直到古典时期晚期才被迫屈服于埃尔塔欣。

由于建筑风格类似，由华利婵和夸钦特拉两城被认为是埃尔塔欣的卫星城（Ruiz Gordillo，1997：39）。它们与繁盛时期的埃城处于同时代，城市空间布局及建筑图案都与埃城类似，建筑图案中也经常出现壁龛及阶梯状的回纹图案。

由华利婵和夸钦特拉的城市范围也许就是埃尔塔欣繁盛时期占领管辖的区域。

没落

公元1200年前后埃尔塔欣城沦为废墟，这种文明的中心城市衰落的现象在中部美洲其他地区十分普遍，尤其是玛雅地区。文明衰落的原因众说纷纭。我们知道，埃城废弃后，周围仍有少量人口居住。人们在古城遗址发现了托托纳克人使用过的占卜陶器，还发现了墓地。从时间上看，墓地存在的时间属于西班牙殖民时期之前、托托纳克人居住之后。因此，阿罗约广场墓地的发掘工作造成了一些负面影响，不但破坏了原有的道路布局，而且还改变了广场的地层结构。

壁龛金字塔周围植被繁茂，金字塔在植被掩映下依然清晰可见，足以证明一直有人对其进行打扫和维护。至今，仍不断有周边居民来到金字塔供奉。

但是，辉煌一时的埃尔塔欣城走向没落，究竟原因何在？

对此有多种说法。有人认为，依靠霸权建立的政权基础脆弱不堪，难以抵御外族入侵。同时，人类历史上也时常出现权力过度集中导致政权不稳的情况，所以，我们不能排除埃尔塔欣的没落是由其内部争权夺势所致。

最新的一种提法是，周围资源枯竭是城市没落的重要因素。当年为了获取工程建筑所需的石灰原料，人们疯狂砍伐树木作为燃料，使得生态环境遭到严重破坏。还有一些人认为，内讧或外敌入侵是导致其政权丧失更迭、城市走向终结的终极原因。

近期的极端天气事件理论似乎占了上风，即洪水泛滥及其带来的严重后果导致了埃尔塔欣的没落（Wilkerson，2008）。为了给羽蛇神殿墙身建造腾出空间，一米半高的土层被挖掘搬移。虽然挪走的土层量与 1 000 年内无人居住情况下的土层堆积量相当，但是 1999 年的一场洪灾使得神殿外墙在一周内重新被土层覆盖，堆积的土层量与当年耗费大量人力物力移除的相当。

这些墨西哥湾沿岸发生的周期性自然灾害极有可能迫使居民大量迁移，导致城市被遗弃，带来各种灾难，进而对城市的政治和经济发展造成不良的影响。

当然，我们也不能排除城市周围自然资源枯竭的假设，生态的破坏使得城市难以维持高峰时期多达两万的人口基数。

我们还知道，中部美洲地区的宇宙观也颇具末世意味。当地人接受其他世界和多个太阳的存在，前提是相信当下世界终会走向终结。意识形态、宗教和哲学因素可能也是城市不断搬迁的主要原因。

正如我们所知，在中部美洲传统及偏远文明习俗中，如果一个神权社会的首领宣布要根据神的旨意找寻应许之地，那么整个部落会即刻迁移。因此就有了墨西哥人从阿兹特兰（Aztlan）到特诺奇蒂特兰的"朝圣之旅"，或是更遥远的《出埃及记》（Éxodo）或《希吉拉》（la Héjira）的故事。当然，上述这些不仅是宗教神话，更是具有重大历史意义的社会事件。

另一方面，如果摒弃任何救世主念头，对时空上更接近当下的历史事件加以回顾的话，我们就会发现，殖民时期的同一座城市——韦拉克鲁斯的里卡镇（Villa Rica）曾经有过三个不同的定居点，这意味着该镇人口历史上曾经数次迁徙。虽然先前的定居地，即现在人们熟知的里卡镇和拉安提瓜镇（La Antigua）并非完全荒无人烟，但由于人口急剧减少，现今的繁华程度与韦拉克鲁斯城及港口地区难以相提并论。这里之所以再提这一历史事件，是因为西班牙殖民之前该城镇已走向没落，主要是人为原因所致，这种情况在人类历史中经常出现。

当然这不是定律，历史上也往往有相反的情况，即在连续或间断的时段内，一个地理区域被不同的文明占领。这种情况经常发生在韦拉克鲁斯南部：前古典时期被奥尔梅克人占领，几个世纪后的古典时期又被其他族群占领。近些年来，我们见证了像墨西哥城一样规模的大城市的发展，墨西哥城最早就可追溯到伟大的特诺奇蒂特兰。但埃尔塔欣的情况完全不同，在该城的宗教中心发掘出土的考古文物证明城市历经了前后四个世纪的时间，埃尔塔欣人之前及之后的定居点都位于宗教中心附近。

总结

　　城市的发展不仅反映了周边的生态地理环境，而且也体现出周边的政治、社会及文化环境。特奥蒂瓦坎城沦陷后的一段时间内，中部美洲地区出现了一些规模较大的中心城市，埃尔塔欣城也在此期间逐渐发展起来。城市周边环境优良、植被茂密、水资源及其他资源蕴藏丰富。

　　另一方面，埃尔塔欣城继承了古典时期韦拉克鲁斯中南部的文明传统，并与重要的瓦斯特卡文化区为邻。埃尔塔欣城的发展，除了上述因素，还得益于一直置身于墨西哥中部及尤卡坦半岛的文明进程。这些文明上的双向的联系和交流使得埃尔塔欣一方面深受其他文明的影响，另一方面也参与到整体文明的构建之中。这也是我们能从埃尔塔欣城发现不同地区的多种风格元素的重要原因。

第二部分

城市

文明的进程

　　埃尔塔欣及中部美洲许多其他城市都继承了特奥蒂瓦坎城的生活方式。特城衰落后，中部美洲各地的宗教中心开始涌入大量的人口，逐渐演变成为地区的中心城市。

　　与特奥蒂瓦坎的宗教思想和美学观念一同传播的，是各种用于交换的商品及特色产品，例如黑曜石，它是制造武器和工具的基本材料。因此，无论是原产于特奥蒂瓦坎的商品，还是在形状、颜色或标志上的仿制品，都备受埃尔塔欣城人的青睐。

　　中部美洲既经历了文化的转型，也历经了城市的变迁。文化转型带来了与特奥蒂瓦坎城规模相仿的大城市数量的增加。文明的进程高歌向前，并无退路，所以中部美洲再也无法退回到定居农村的阶段。整个中部美洲地区的城市人口密度不断加大，城市空间不断扩张。人们在继承前人思想和传统的基础上，不断对居住地进行改造，使其更加适应周围环境特点。因此，这些城市独立后使周边地区臣服，便同时获得了政治和经济的控制权。

　　宗教思想、宗教神话和宗教仪式可以凝聚人心。宗教领袖不仅行使最高的精神权力，而且以"城邦"形式将多个城市组织起来，行使中心城市及周边地区最高的经济和政治权力。

　　特奥蒂瓦坎宗教神话的元素之一是羽蛇神，该形象不仅被描绘在壁画上，也被雕刻在克特萨尔科瓦特尔神庙的墙壁上。可见，在特奥蒂瓦坎没落之后，这种颇具争议的神灵崇拜进一步得到加强和传播，与之相关的各种神话和宗教仪式应运而生。在霍齐卡尔科、卡卡希特拉、图拉、乔卢拉（Cholula）、泰约城堡、希格拉斯等地，甚至在玛雅地区，都出现了神灵、祭司、人类、英雄或统治者的艺术表现形式。由此可推测，这里曾发生过狂热的统一的宗教活动。当然，各地区的宗教活动情况不尽相同，并与天文知识的进步密切相关。在当地人看来，金星是羽蛇神的化身。城市的建立也与宗教因素相关，之前必须获得神灵的认可。这一现象也在全球范围内的不同城市那里得到印证（Marcus & Sabloff，2009：5）。

中部美洲地区兴起多个中心城市时，正是埃尔塔欣城的发展时期。人们普遍认识到，城市化的进程没有回头路，中部美洲也不例外。继伟大的特奥蒂瓦坎城之后，必然会发展出来其他宏大的城市，以其宗教魅力吸引、聚集周边的居民和民众。

埃尔塔欣的政治组织形式为城邦制。领主在其领土上行使权力。当其试图通过武力征服扩大领土范围时，必定会与周边城市发生冲突；而有时为了实现自己的经济政治目的，领主也会与周边城市结盟。目前，没有任何史料记载比浮雕作品对战争冲突和俘虏等事件描述得更加详细。想必球赛也是地区局势紧张的导火索之一，埃尔塔欣城就历经了多次体育竞技冲突。如果说政治或经济冲突可能通过一场球赛解决，那么强化技能和加强训练则是比赛取胜的秘诀，也许这就是在立柱上的浮雕作品中出现球员的原因。球员通常是站在凯旋的战士旁边，他们的名字通过出生日期的数字和字形来标注，这是中部美洲的普遍做法。只有这样，我们才能够对各球员给予相同的重视。

埃尔塔欣城的空间布局是根据社会等级高低分布的。埃城所在地丘陵密布、溪水环绕，这样的地理条件为城市的建设提供了各种便利条件，高低起伏的空间都被用来营造建筑。从山下看，上层人士的住所像是位于高高的金字塔上，隔墙将埃尔塔欣和塔欣·奇科分隔开来，试图掩盖居住区的高度差别，部分台阶模拟了金字塔基座部分的形态。

像埃尔塔欣这样规模的城邦使得统治者与被统治者之间的联系更加紧密。与土地广袤的国家相比，有限的国土面积通常更易于政治决策的颁布与执行。

从位于古城遗址最高建筑入口处门廊立柱上的浮雕上，我们发现了一些与权力和战争相关的历史事件记录，这些事件又与宗教仪式息息相关。浮雕上雕刻的不仅有君主名字，君主所获战功、俘虏战俘和登基获权等情况也一一记录，而且，如我们之前指出，君主要么装扮成球员模样，要么参加与"新火"传承仪式相关的燃烧芦苇束活动。当权者成为众人敬仰的榜样并履行宗教职能：主持宗教仪式，将众神赐予的恩惠带给众人。

仔细观察遗址上残存的图像，我们发现它们重点突出了男性所承担的责任。由此可知，埃尔塔欣城完全由男性掌管权力。这点与允许女性掌权的玛雅文明和瓦斯特卡文明不同，从后两者中我们不仅可以找到与女性君主相关的文献记载，而且能够从雕像作品中发现，在艺术效果和线条处理上两性地位更加平等。

我们在壁画中看到了埃城各行各业的男性代表：统治者、战士及球员。女性人物则处于次要地位，完全依附于男性，有时身高仅为男性的一半。此外，画中女性多在向男性乞求馈赠，充分反映出女性的地位低下。

城邦

多种理论试图对该地区的社会政治组织形态加以界定。从这些理论中（Wiesheu，1996；Marcus & Sabloff，2009），我们发现埃尔塔欣城社会组织复杂，已具备古老的城邦特征，而不仅仅是简单的酋长制社会。事实上我们认为，埃尔塔欣一直存在职权等级制度，立柱浅浮雕上的君主肖像便能证明这一点。

除了显示神权威严的神殿外，有证据表明埃尔塔欣确实存在过宫殿，即所谓的建筑群或立柱结构群。宫殿不仅是统治者的住处，而且其内部围墙、密室、庭院、走廊、门廊等一应俱全。总之，宫殿的空间足以开展各式社会活动、执行公共管理职能、召见民众及召开政务会议。

上层人士的住宅建筑是国家机构执行公共职能的另一标志。塔欣·奇科便属于此类建筑，因为统治阶级既可将其作为住宅使用，又能在此执行公共职能。

社会政治组织形态也表现在皇家墓葬与普通墓葬的差异上，

虽然埃城内皇家墓葬和普通墓葬的相关证据其实都不多。至今人们仍在讨论壁龛金字塔内发现的是否就是当年遭抢劫的皇家墓葬。至少，我们在金字塔西侧祭坛上的棺木里发现的日用品及各式珠宝等陪葬品，足以证明死者生前的身世显赫。这点与海梅·奥尔特加（Jaime Ortega）发现的普通墓葬里的情况截然不同（Lira & Ortega，2004）。

从城市组织结构上看，埃尔塔欣属于城邦。埃城内包括特定区域，这里特指举办宗教仪式的市民中心、宗教机构及政治行政机构等。城市可以分为宗教仪式区、上层人士的住宅区及行政管理区、不同阶层的市民分区及维持城市所需的农业及制造业生产用地。

事实上，在这里使用"城邦"一词值得商榷，因为它源于古希腊的 polis 一词，而该词被不加区分地用于描述各类组织结构。毕竟，将地理意义上的"城市"与政治意义上的领土控制概念区分开来，对描述西班牙殖民之前的中部美洲土著族群并没有太大的启发意义。因此，学者们口中的城市边界概念，更多地只是指我们在城市与周边"乡村"之间划定的边界，而不是指以社群（continuum）形式居住而形成的土著居民集聚地的边界（Marcus & Sabloff，2009：23）。

因此，一旦我们将埃尔塔欣称为城邦，实际上是认同了它的政治实体性质。统治者依据城市模式进行管理及组织。通过从古城遗址中辨认出的战争画面，我们可推断出埃尔塔欣与周边城市曾多次发生冲突。同时大量证据表明，贵族阶级依靠宗教意识形态为社会秩序、政治社会等级制度及财富积累等行为披上合法外衣。城市的空间布局也遵从此种等级秩序。当然，建造大型建筑需要耗费大量的精力，同样也需要建筑、工程、天文学及造型艺术等领域的专业知识，这点我们将在后面涉及。不过有一点我们可以肯定：祭祀、球赛、造型、表演艺术或商业活动需要投入大量时间，其中某些活动将世俗和宗教因素结合在一起，在浅浮雕上刻画得栩栩如生。

我们坚持使用"城邦"一词，因为它包含了城市与周边地区之间不可分割的紧密关系。实际上，在西班牙殖民时期之前的中部美洲就已经存在此概念，将城市中心和统治者控制的周边区域建构成一个整体。从这个意义上讲，虽然相关的术语不存在于我们当今的印欧语系中，但当地土著语言中已有类似的词语，用以表达城市结构及其城市周边等概念。例如纳瓦特语中的 altepetl，玛雅语中的 cacab 或萨波特克语（Zapoteco）中的 queche 和 quechenatale（Marcus & Sabloff，2009：22）。

不同功能区的空间分布

我们前面说过，地形起伏使金字塔建筑的底座有高有低，这也是限制埃城扩张的一个重要因素。宗教仪式区地处两溪之间，周边丘陵环绕，不具备拓展的条件。与特奥蒂瓦坎城的纵向布局和中部美洲其他国家的多区域分散布局不同，埃尔塔欣城是在有限的空间内尽可能建造更多的建筑。

因此，在埃尔塔欣城内，为了从一处建筑到达另一处建筑，人们必须在狭窄的街道、叠加在斜面和飞檐上的壁龛墙间穿行。无论选择哪条路，行人都必须穿过一个或数个球场，因此容易产生"如果直线穿行，似乎距离更远"的印象。虽然受到地形因素的限制，但游客在参观过程中还是会觉得古城面积过大。如果说埃城的城市布局完全仿照古典时期的特奥蒂瓦坎城或韦拉克鲁斯中南地区的墨西哥湾沿岸城市，那么为了从一个广场到达另一个广场，人们不得不绕行于不同建筑之间，走上更远的路程。

显然，埃尔塔欣城遵循从南到北的建立原则。按照中部美洲的传统，首先建立的是阿罗约广场①，即占地面积最大的开阔的空间。方形广场四周铺满石子路，被作为神庙地基的建筑围绕。后来埃城继续往北扩展，但由于空间有限，无法建造大型广场，因此只能在有限的空间里建造房屋。多种迹象表明，即使是在执政后期，轮流执政的统治者也会在有限的空间里，选择在城市的宗教中心建造最具象征意义的建筑。这里我们所指的最具象征意义的建筑为壁龛金字塔，就是那个 18 世纪末让发现者本人迭戈·鲁伊斯大为震惊的建筑。

广场的重要性远不及壁龛金字塔，这点不言而喻。实际上，周围的建筑都没有正对金字塔。因此，埃尔塔欣人不得不在已有的地基旁建立起一块小型高地，让人知道在壁龛金字塔的脚下存

---

① 在西班牙语中，阿罗约的意思为"小溪"。——译者注

在广场。

我们不禁会想，虽然壁龛金字塔的建筑空间不够宽敞，塔身的宏伟与其所处地方空间毫不相称，但建筑本身是赤裸裸地炫耀权力的表现。这或许成为宏伟的埃城走向衰落的重要原因。金字塔内共雕凿了 365 个壁龛，象征太阳及其运行的轨迹，即完整的一年周期。

至于埃城周边景观及其在城市化中的作用，我们认为，假设对其加以改造，埃城所处的地形能限制人们进入住宅区或行政管理区。今天人们所熟悉的塔欣·奇科本身就是天然的卫城，能起到防卫作用。挡土墙、楼梯及隧道就是为了控制人们的进出，毕竟高级住宅区和神庙集聚的是上层人士而非普通民众。普通民众显然无法自由进入上述住宅空间，只能去广场举办庆祝仪式或进行交易，或是到球场看台上观看球赛及之后的斩首祭祀仪式。为了记住这些短暂而重要的历史时刻，人们以浅浮雕的形式将其记录在球场的栏板上。

布鲁格曼（1991b）认为，城市的空间布局可划分为不同的功能区，这些功能区各具特色、各司其职：宗教仪式区、行政管理区、上层人士住宅区和普通住宅区（见图 2-1）。

神圣之地——宗教仪式中心

埃尔塔欣可能最初仅为宗教仪式中心，随着越来越多圣徒的涌入，埃城逐渐成为宗教圣地。建造各式石制建筑需要耗费大量物力和人力，不仅如此，还要求众人齐心协力。遗址中心位于地

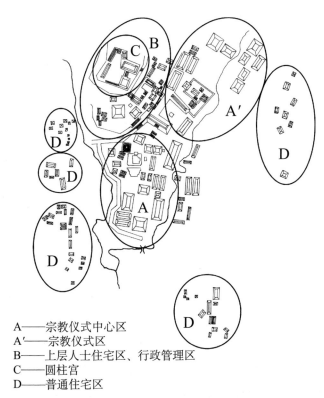

A——宗教仪式中心区
A'——宗教仪式区
B——上层人士住宅区、行政管理区
C——圆柱宫
D——普通住宅区

图 2－1　埃尔塔欣的城市功能平面图

势较低的平原地区，神庙依靠金字塔式地基屹立不倒，但如今已
岌岌可危。为了举办球赛，神庙的建造与广场和球场相得益彰。

　　遗址占地面积最大的阿罗约广场位于城市南部，因靠近周边
溪流而得名。根据中部美洲传统，广场区域相对较为开阔，可在
此举办露天的庆祝仪式和典礼。广场建立之初似乎面临较小的人
口和空间压力，但随着建筑的日益增多，加上遗址周边溪流环绕

和丘陵地势等不利因素，广场的空间范围已远不如从前广阔。

威尔克森认为该广场曾被用作交易市场（Wilkerson，1987：25）。我们深知，后古典时期集市在城市中发挥着重要作用。由于广场缺少中部美洲传统意义上的中心建筑，印证了广场被用作市场的假设。广场周围建筑是神庙地基，在埃城被居住时期，这里也用于举办下葬仪式。

除了在广场建立神庙外，宗教仪式区也有大小不一的各类球场，一部分是南北朝向，一部分是东西朝向。

19 号建筑位于广场以南，建筑四周有围墙。西侧围墙由 34 号和 35 号建筑组成，成为球场前端，北侧围墙朝向广场。当年的宗教场所入口很可能就是今天游客的参观入口。游客参观时首先能看到的是 19 号建筑，东侧和南侧石阶构成的围墙也能被一眼发现。

16 号建筑位于广场以北，有两堵围墙。南侧围墙朝向广场，北面围墙是由 13 号和 14 号建筑组成，成为球场前端。有趣的是，同一建筑集多种功能于一身恰巧也证明了空间小、建筑多的事实。

18 号和 20 号建筑分别面向广场中心，各仅有一堵围墙。每座建筑顶部都有三个神庙跨架。很遗憾，我们无法得知这些神庙跨架的作用。但十分有趣的是，古典时期的玛雅遗址中部的部分神庙也曾一分为三。例如，玛雅的波娜柏克遗址（Bonampak）的三个彩绘石室和帕伦克遗址（Palenque）的十字架神庙。

羽蛇神殿是宗教仪式区最有特点的建筑，占地面积约为一公顷。神殿有一堵边缘墙，墙面装饰有阶梯回纹图案（leitmotiv），该图案同样也用于建筑装饰。回纹装饰里侧有数座建筑和两个小球场。据估计，神殿建立时间约为古城后期，壁龛栏板的建筑是由切割的石头和砖板堆砌而成。有趣的是，由于神殿建筑是为了纪念众神，游客来参观羽蛇神殿时，无法一下看全边缘墙的整体平面设计，只能从高处看到神殿的回纹图案。中部美洲的多种艺术形式都体现了这一特点。例如，阿兹台克（Aztecas）基座上常见的雕塑难以被普通观众欣赏，但建筑本身足以见证祭拜神灵的圣徒的虔诚。

权力空间，卫城

中部美洲的政治权力与宗教、贸易和军事权力息息相关。因此，埃尔塔欣的统治者可以装扮成球员、战士或贵族。立柱上的作品常用来称赞统治者的丰功伟绩，并突出其显要位置或神灵装扮。统治者一般住在埃尔塔欣城的高处。

塔欣·奇科地区也发现了金字塔式地基，但规模却与宗教仪式区的大不相同，它们海拔更低、占地面积更大，上面可建造密封的空间。这里既是身居高位的大统治者的居住场所，也是其履行城市管理职能的工作场所。一般通过狭窄的台阶、隧道以及高低不平、难以攀登的挡土墙对到访者加以限制。

塔欣·奇科在加西亚·佩昂的修复时期得名，主要是因为该区域的建筑少且分散，高处建筑似乎离中心区很远。现在人们对该遗址的认识与之前大为不同，认为塔欣·奇科也属于埃尔塔欣城中心区。

从一开始，人们就发现古城遗址的高处建筑多用字母命名，低处的建筑则使用阿拉伯数字。当然这容易导致混乱，因为经常有人把带有罗马数字Ⅰ的壁龛金字塔和塔欣·奇科Ⅰ建筑混淆，主要是没有分清大写字母Ｉ与罗马数字Ⅰ。

正如我们之前所说，从低处的宗教仪式区向上看，塔欣·奇科的建筑整体上挺像高高的金字塔，统治者们就住在这些高处建筑中。根据中部美洲地区的宇宙观，宇宙中同样也存在多层次结构，也就是说，统治者是非人类，属于更高层次的生物和神灵，应居住在人类无法触及的高处。

塔欣·奇科的建筑符号及标识与宗教仪式区的类似，有时甚至完全相同。因此，比如Ａ建筑正面有一处"台阶"，"台阶"周围是建筑翼角椽，曾经是彩色的；也许这只是一种错觉，其实"台阶"只是一面非斜坡的垂直墙，试图给人造成一种壁龛金字塔外观的错觉。身处同一"台阶"，我们可以发现，建筑真正的入口是一道玛雅风格的假拱门。拱门的修复工程是在加西亚·佩昂时期完成的，这个前文已提到过。至今人们仍在怀疑当年他是否找到了拱门可以关闭的证据。在这一有争议的问题上，后人没在埃城找到其他证据，但却发现了一座规模与球场相仿的"斜面-裙板"墙式建筑，但这里仅用微缩图来表示（参见第三部分图3-1）。

在塔欣·奇科的部分建筑里发现了精美的壁画，其中当属Ⅰ建筑的壁画最为精美。在圆柱宫里，也发现了大量上层人士用过的精美的浅浮雕雕塑和陶瓷餐具，这点我们之后会详细论述。由于地形因素，遗址的最高处矗立着宏伟的圆柱宫。宫殿门廊顶部底端的图案清楚地再现了宫殿居住者的权威。壁龛金字塔广场上的圆柱宫与广场之间的水平距离为 45 米，与 A 建筑西侧之间的水平距离约为 24 米。

民居，社区

普通民众的房屋位于前面论述的两个功能区周边。从已发掘的部分考古民宅遗址可以发现，如今托托纳克族群居住的房屋与早先的房屋区别不大（Kelly & Palerm，1950：189 - 191）。由于遗址多由不稳定的建筑材料所建造，只有石砌轮廓及炉灶能够被修复。

如果将浅浮雕作品中出现的少数房屋图作为依据，那么至少能反映出当时人们的住宅形式。其中一幅图表现的是茅草屋（见图 2 - 2），另一幅展示的立柱屋结构似乎暗示居住者来自更高的社会阶层（见图 2 - 3）。还有一些分布独特的石制建筑，可能位于社区中心，周围多是易腐材料建造的房屋。

图 2 - 2 茅草屋浅浮雕像

图 2-3　立柱屋浅浮雕像

　　即使在今天，托托纳克土著人的日常活动也主要在户外进行，室内一般用于储存物品。当时，大部分活动也在室外开展，日常生活如此，宗教仪式也是如此。这就解释了为什么在纪念性建筑中，神庙很小，但广场很大。少数信徒被允许进入神庙，大多数则只能在低处的广场参与宗教仪式，不需爬上金字塔台阶，也不需进入神庙的神圣空间。

总结

　　埃尔塔欣的城市布局既反映了城市空间的使用，也体现出了社会的组织形式。人们利用地形高低和溪流流向来划分不同的功能分区：宗教仪式区、行政管理区、上层人士住宅区和普通住宅区。

　　金字塔基地位于埃尔塔欣的中心区，金字塔顶部分布着神庙以及球场建筑，神庙中最为突出的建筑是壁龛金字塔。金字塔高处是塔欣·奇科，埃尔塔欣的卫城，其中建有圆柱宫以及上层人士的住所。

　　宗教仪式区周围有一些石制建筑，多位于普通住宅区中心，石制建筑周边则为易腐建筑材质房屋，是普通民众的居住地。

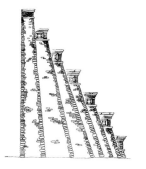

第三部分

艺术

建筑

　　埃尔塔欣城有人居住之后的文献因年代久远而遗失，只有石制或陶制的文物幸免于难。据我们了解，至今绝大部分，或者更准确地说，大部分已消失的器物都是由易腐材料制成。因此，在考古证据不全的情况下，我们只能依赖那些发掘出的不易腐烂材质文物。

　　与多数西班牙殖民时期之前的中部美洲城市一样，埃尔塔欣现存的器物都具有很高的美学价值。除了作为考古证据外，还能提供大量图像学或美学方面的有用信息。

　　埃尔塔欣的艺术表现形式多样，品质非凡，还开创了一种独特的风格。该风格的雕塑和绘画，尤其是建筑作品令人印象深刻，一直以来都是世人研究的重点。众所周知，埃尔塔欣建筑在继承了特奥蒂瓦坎风格的基础上，进行了一定大胆的创新。这种创新体现在建筑元素、色彩和神话方面，还包括歌唱、舞蹈及诗歌等内容。毫无疑问，鼎盛时期的埃尔塔欣社会发展程度极高，从艺术的表现内容和质量水准上便可得知。

　　埃尔塔欣独一无二，塔欣风格因而得名。塔蒂亚娜·普罗斯科拉科夫（Tatiana Proskouriakoff）将其定义为韦拉克鲁斯中部地区的古典艺术（1971），主要特点是漩涡缠绕，以自然风格编篆字形及绘制人像。该艺术风格多出现在绘画和雕塑中，用于装饰陶瓷器皿、轭、斧头及蹄掌等石制器具。塔欣风格名噪一时，极有可能传播至整个中部美洲，这与场面恢宏的球赛不无联系。此种风格的艺术元素众多，不留任何艺术空白，不仅可用于装饰，还可用来表现各种场景，勾起人们对神话、仪式及重要事件的回忆。

中部美洲的建筑理念与我们一般意义上的西方建筑理念不同。建筑在传统观念中为安身之处，但在西班牙殖民之前的中部美洲地区，宏伟的建筑是用来攀登的，因此往往仿造山的样子建造，顶端还建起小型神庙，但不允许普通人进入。多数信徒要参加露天的宗教仪式，因此，空间开阔的广场堪比金字塔，甚至比金字塔还重要。之后，我们会继续对已建立的实体建筑部分进行更多讨论。

回到建筑特点话题，我们意识到，如果说特奥蒂瓦坎的建筑强调了斜面-裙板的交替使用，那么埃尔塔欣建筑中则出现了飞檐设计。飞檐均匀分布在斜角的对面，将对角及对称线完美地融入建筑轮廓，这种创新赋予了建筑一种独特的节奏感。

此外，壁龛也被固定在裙板上，壁龛中空部分产生的对称及律动的光影效果用来装饰墙壁。除了达到韵律节奏、外观轻盈效果之外，这些装饰还做到了光与影的完美结合。这种明暗对比让人不禁想到中部美洲思想中的"二元对立"。埃尔塔欣的克特萨尔科瓦特尔神为一条长着羽毛的蛇。该形象完美地融合了两个看似矛盾的元素：飞禽和爬行动物，即长着羽毛的珍贵格查尔鸟和满身鳞片的蛇。前者在高处飞翔，后者在地上爬行，两者的有机统一愈加提升了神灵的超能力。也许埃尔塔欣当地居民正是利用"明暗对比"原理，通过壁龛和底板上的回纹图案产生的光影作用达到装饰建筑外墙的目的。在经典的特奥蒂瓦坎斜面-裙板建筑结构上还增加了一些元素，使得埃城更加美丽和优雅。飞檐装在裙板上，起到补充和抵消坡角的作用，一定程度上从外观上减轻了以丘陵地形和金字塔建筑为主的中部美洲传统建筑的厚重感。

埃尔塔欣建筑的另一创新在于浇筑屋顶。虽然神庙中的屋顶可能是易腐物质材料，但有证据表明，塔欣·奇科的建筑屋顶是由灰泥混合其他植物材料浇筑而成。之所以说屋顶是浇筑出来的，主要是因为上面仍留有灰浆和浮石的印记，且如今依然可在房顶发现反复浇筑灰浆的痕迹。或许当时的本意是想修复渗水或滴漏之处，但最终由于屋顶材料过重而导致整个房屋坍塌。

加西亚·佩昂认为圆柱宫是由倾斜的巨大石块构成，宫顶内凸且具有抛光效果。由他提出的弓形顶理论阐述的正是这个原理（1964—1965：23），即利用立柱门廊来支撑建筑内部空间，或许这正是埃尔塔欣建筑与其他中部美洲地区建筑的不同之处。类似的建筑在规模略小的由华利婵也被发现。由华利婵位于普埃布拉山脉，距离埃尔塔欣 60 公里，属于埃城周边的古城遗址。毫无疑问，立柱是埃尔塔欣遗址上出现次数最多的建筑。不同的圆柱宫风格一致，但是比例、装饰、节奏感和壁龛数量有所不同。壁龛、建筑外墙和主体部分的阶梯回纹图案、十字架及交叉带等部分元素形态各异。

壁龛金字塔

壁龛金字塔可以说是埃尔塔欣最具象征意义的建筑，与羽蛇神殿一起完美地诠释着本地建筑的成熟风格及娴熟技法。无论是在壁龛金字塔，还是羽蛇神殿内，砂岩板都被精确切割后准确地安放在壁龛里。

显然，壁龛金字塔和羽蛇神殿都是在埃尔塔欣文明后期修建的。壁龛金字塔所处的广场空间有限，因此金字塔容易触碰到周围建筑，广场较难被人发现。5 号建筑正面朝东，北面稍稍突出，朝向广场的南面，广场正对壁龛金字塔。

由于经常有人因壁龛金字塔的建筑结构而混淆其建造阶段，在这里十分有必要专门对前者加以介绍。事实上，当年加西亚·佩昂从西面打通隧道对金字塔进行探索时，就将两者混淆了。按照正常逻辑，当他水平进入金字塔时，他会碰到斜面前的中空壁龛。马奎纳描述金字塔的建造技术时依然是按照上述方法（1950：430）。而我们知道，中部美洲地区扩建建筑时，会在原有建筑的基础上加盖另一栋建筑。因此，在金字塔主体内部发现之前建好的小型金字塔就一点儿都不足为奇了。

在 20 世纪 80 年代末期实施的埃尔塔欣发掘项目中，人们发现壁龛金字塔是在一个阶段内一口气完成的。金字塔塔身从下到上以斜坡的形式层层叠加，塔侧一排由壁龛装饰的裙板加以固定，这种构造使得金字塔坚固无比。甚至有人提出，金字塔内部从塔顶至塔底的竖井本身也属于建筑系统，金字塔主体的最后一层为空心塔结构（见图 3-1）。

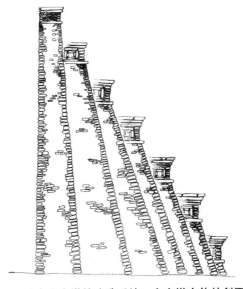

图 3-1　壁龛金字塔的建造系统。金字塔主体的斜面是从塔底到有壁龛的裙板，不属于连续的建造阶段

雕塑

　　埃尔塔欣雕塑总体上属于一种建筑元素。尽管存在着圆雕和高浮雕等类型，但埃城的大多数雕塑作品属于浅浮雕。根据建筑装饰元素的标准，浮雕一般可分为板雕、雕带和柱雕。板雕嵌入

墙壁内。壁龛金字塔的板雕一般刻在整块石头上，但是南、北赛球场的板雕及柱雕都是在各自墙壁完工后的堆砌石块上完成。这意味着，一旦墙体建完，雕塑也随即完成，主要原因是雕塑取决于墙壁，而墙壁限定雕塑的体积和基本框架。

雕塑作品大致可分为三维雕塑和浮雕，浮雕又可根据雕塑深度分为高浮雕和浅浮雕。

三维雕塑

石雕

埃尔塔欣的三维雕塑是指大体保留了石头原型并在此基础上对各面进行加工的雕塑。因此，我们可将阿罗约广场附近球场角落的雕塑纳入此种类型。这些雕塑位于埃城南边，在埃城初建时完工。石块被雕成蛇头形，颇具风格，两侧各有两颗尖牙（共四颗）。目前无法通过现有的生物分类学方法将该形象与任何已知的爬行动物联系起来，蛇咽喉里的头颅也许表现的正是黎明前太阳被大地吞噬的场景。

前面我们提到过一个南瓜形雕塑，与瓦斯特卡遗址的泰约城堡的一座雕塑类似（Solís，1981：43 - 44），只是两者南瓜瓣数量不同。这里还应提及阿罗约广场南侧非宗教仪式区域的四足动物雕塑，虽然质量不及前者，但在发掘地现场已建立起遗址博物馆。

大家熟知的塔欣神（Dios Tajín）是在三角砂岩角柱上完成的特殊作品，也被归入三维雕塑行列。虽然更确切地说塔欣神属

于浮雕，但由于该雕塑的浅浮雕各面是在三棱柱上完成，容易让
人误以为是三维雕塑（见图 3-2）。

图 3-2 三棱柱上的浮雕作品塔欣神

该作品是何塞·加西亚·佩昂在 5 号建筑前侧发现的。据说
当年本地区发生了严重的干旱，民众发现这尊神像雕塑后急切地
将其弄湿以祈求降雨。没想到之后暴雨真的降临，连续的降水还
引发了洪水。于是当地人又将灾害归咎于考古学家，用土掩埋了
神像雕塑，试图阻止降雨灾害。这段逸事揭示了考古文物对埃城
普通民众的象征意义。时至今日，来此雕塑及壁龛金字塔前祭献
的民众仍然络绎不绝。

回到塔欣神雕塑本身。这是幅浅浮雕作品，所有人物脸部扭
曲，就像在南赛球场浮雕中的死神一样；四肢完整、前额上有一
符号，让人联想起植物发芽；双手握着一个形似闪电的弯曲设
计。这个形象之所以被人们认为是塔欣神，是因为托托纳克土著
语中塔欣神有闪电的含义。在展开的浮雕作品中，我们能看到的

只有单腿和单脚，因此部分学者把它和风神等同起来。据说加勒
比海周边的神灵一般只有下肢，而三棱柱上的图形不够清晰，更
加大了完整分辨雕塑四肢的难度。我们认为埃城信奉的神灵并非
飓风神，下文在分析埃城的众神部分时，我们会加以解释。

其他材质雕塑

我们知道，埃尔塔欣发现了一个巨大的砂浆雕塑，从塔欣·
奇科能找到相关证据。马奎纳（1951：445）公布了一张关于圆
柱宫中心庭院的照片，照片中有四个真人大小的人类雕塑，其中
一座是缺失了脚部的单腿雕塑。而亚米勒·里拉（Yamile Lira）
在之后几年的发掘过程中找到了这座单腿雕塑缺失的那只脚。

这四座雕塑作品形态优美，涂色丰富，形象逼真，细节刻画
到位，甚至雕出了人物脚下的八只凉鞋。塔欣·奇科的 Y 建筑
里也发现了相同的砂浆雕塑的头部造型，作为建筑的装饰。埃城
内的神灵雕塑数量众多、高度风格化，上述人类雕塑则极度写实
化，十分显眼。

在古城遗址现场还发现了陶制雕塑，但保留下来的作品寥寥
无几。从陶雕和石雕作坊里保存的部分雕塑碎片中，可以清楚地
观察到雕塑的人脸特征，尤其是真人大小的鼻子。这些雕塑当时
可能是作为面具使用，或仅是完整雕塑作品的一部分。目前，这
些残剩的雕塑碎片主要有两种用途：一是与其他未经修复的陶罐
碎片一起，送交考古分析；二是与其他修复完整后的作品一起，
向世人展示雕塑家高超的雕刻技艺。

当然，想必还有其他轻软和易腐材料制成的雕塑，如木雕，

但它们如同楮皮纸上的文件和绘画作品，完全经不起岁月的侵蚀。

高浮雕

埃尔塔欣还有一些高浮雕雕塑，出土于壁龛金字塔和阿罗约广场。每座雕塑代表一个重要人物，这些人物依照玛雅统治者在石碑上的顺序排列，但石碑上无法找到统治者名称及继位日期的碑文，尤其是壁龛金字塔的两座高浮雕作品（只有一座雕塑双腿完整）似乎不属于任何一座建筑（见图 3-3）。

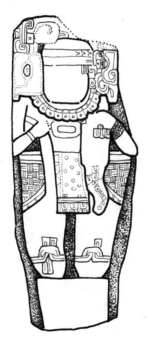

图 3-3 壁龛金字塔的高浮雕作品

浅浮雕

浅浮雕艺术在中部美洲各地得到了极大的发展，尤其在古典时期，石碑等具有纪念意义的建筑促进了这种浮雕技艺的发展。浅浮雕的特点是将三维立体表现在二维表面上。

墨西哥湾沿岸地区的浅浮雕技艺历史悠久，从奥尔梅克文明时期起就出现了浅浮雕［圣洛伦佐（San Lorenzo）的圆形祭坛］，虽然同时期奥尔梅克文明的圆雕技艺更加成熟。在后奥尔梅克文明时期，浅浮雕多用来表现统治者形象及其继位等重大日期的主题，所以我们发现，塞罗德拉斯梅萨斯石碑上的碑文日期一般为公元 468 年、481 年、525 年和 533 年等（Kauffmann & Justeson，2008：164），而拉莫哈拉石碑的碑文更长，时间更早，甚至可以追溯到公元 143 年和 156 年（Winfield，1988：25）。这一做法早在西班牙殖民之前的中部美洲就已经出现并一直保持下来，在玛雅文明中尤为突出。石碑本身也被认为是建筑，虽然位于广场或建筑中，但它却并不属于任何建筑，这点与埃尔塔欣嵌入墙壁式的板雕完全不同。

埃尔塔欣的浅浮雕作品大小主要取决于建筑结构，形式则受制于墙壁面积和位置，浅浮雕的主题往往揭示出所在建筑的功能。因此，我们依照形式和功能特点，将埃尔塔欣的浅浮雕分为板雕、雕带和柱雕三种类型。

板雕

我们将从以下几个方面对板雕部分进行介绍：壁龛金字塔板

雕以及南、北赛球场板雕，相互区别且各具特色。它们构成一个整体，但从空间划分、框架设计和取景方位角度又加以区分。

　　壁龛金字塔板雕

　　壁龛金字塔的板雕作品都是在一整块砂岩上完成的。它们虽然略有差别，但尺寸基本相似，边长均为1.2米左右。板雕的边框或呈现四边形，或由圆形组成链条，板雕中间雕有一个中心人物（见图3-4）。在这些板雕正对面，是一些动物或次要神话人物形象的图案。

图3-4　壁龛金字塔板雕

　　可以确定的是，至少有11幅板雕是用来装饰神庙墙壁的。加西亚·佩昂（1973b：8）则认为应该有20幅，神庙四个方位应各有5幅。尽管目前只能确认这11幅板雕，但有可能数量更多，只是由于遭到劫掠遗失了而已。这些板雕作品表现的人物不仅有统治者，也包括与神秘的宗教祈祷文相关的神话人物。这些人物虽然具有明显的人类特征，但非人类的特性更突出。

从两块残缺的浮雕作品中，我们可以发现中间形似蛇的人物侧坐，圆形图中则为羽蛇神的两个身体。这种设计形似祭坛上端环绕太阳的蛇，但与北赛球场中心板雕相似程度更高。耶苏斯·加林多（Jesús Galindo，2004：383）认为，该图代表的是金星围绕太阳运行的黄道平面，进一步肯定了壁龛金字塔中的太阳和金星运行说，这点我们将在后面详细介绍。

其他的板雕上出现了面具人或眉饰人。其中两块板雕表现了他们与有鳞的巨蟒怪物战斗的场景。另外两块板雕表现了两人：一人侧脸，坐在宝座上；另一人正脸，手持盾和刀。还有两块板雕表现了主要人物坐于建筑之上。此外，该系列的另一板雕上出现了一只蝙蝠，蝙蝠嘴饰与人嘴相连。这让我们不禁想起蝙蝠从羽蛇神精液中诞生的故事，只不过这里精液换成了另一体液：唾液（见图 3 - 5）。

南赛球场板雕

南赛球场墙壁上的板雕是在数块嵌入墙壁中的石块上完成的。因此，毫无疑问，墙壁是开展雕刻工作的前提。板雕作品由一系列连贯单元构成，分别置于球场四角死神的位置，与球赛仪式及赛后的宗教仪式一一呼应。

板雕中间表现的是神话场景，其中还有不同水平位置的漩涡和神灵符号，中间戴皇冠的为双身神及由两侧轮廓共同构成的正脸图（见图 3 - 6）。

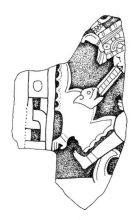

图 3 - 5 壁龛金字塔板雕上的蝙蝠

图 3 - 6 南赛球场中间板雕上的双身神

球场四角则是与球赛仪式本身相关的浮雕作品。这四幅板雕作品表现的主题及内容独立，其中出现这样一个人物形象：由头部、躯干和手臂构成，虽然双手完整，但下身没在水流形漩涡中（见图 3 - 7）。也许该形象象征了死神或是萦绕在球赛四角的死亡本身，或是球赛后的生命终结（角落就是墙的终点），或是死神所处的潮湿的地下环境（该宗教仪式区的土壤离地下水层很近）。

球场中间板雕

两幅中间板雕作品上刻画的是一个头戴皇冠的神灵形象，他身体朝下趴着，两张侧脸构成正脸，没有嘴，只有一个喙。周围

图 3-7　南赛球场四周的死神

都是缠绕的漩涡形和编码符号，很可能暗指神灵。板雕左右两边共有四条字形和漩涡形，底部也有一条。

两幅板雕的中间场景有一些相似之处：从剖面图中能发现建筑材料均为含水石块。每个建筑顶上都有四个城垛，城垛上种有交织的龙舌兰，让人联想到耕种的场景；一些龙舌兰在板雕作品底部，另一些则雕刻在更高处。虽然在中部美洲板雕作品中从未出现过透视模糊的技法，但这幅作品似乎是个好兆头，因为人们开始通过艺术手法表现远处的事物。两幅板雕中共出现四个人物，但似乎每个人物都有自己不同的故事。

中间板雕的南端出现了一个人物形象：头戴鱼盔，半身浸入水中，正在吸取祭祀建筑外祭献人刺穿阳具后流出的液体（见图3-8）。

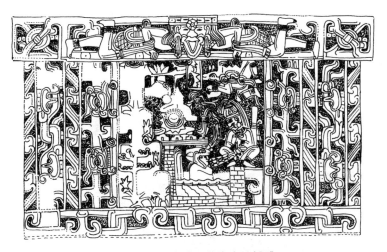

图3-8 南赛球场的中南端板雕

城垛上坐有一人，手持太阳图案。城垛上有与金星相关的残缺的星形图案饰带设计。板雕上还有另一个人身兔头的形象，身上带有与遗址神灵相关的漩涡眼标志。

由此我们可以推测，该浮雕主要表达了以下两层意思：一是生命之源——水（存储在建筑结构中），因为其中一人用嘴（口水）吸取祭献男性（精液）的液体（血液）；二是暗指与天体相关的生物——太阳（位于城垛之上）、月亮（在神话中与兔子相关）和金星（用天体饰带表示）。其中太阳神及月亮神手中都持有一个弯曲物，人们认为那是表示闪电的含义。

　　中间板雕的北端则是一个戴鼻环及眉饰的人物，他躺着被绑在建筑内部的水中。建筑外站着另一人，正用食指指向他。两人之间还有一斜线符号设计。站着的人用另一只胳膊提着一个漩涡设计，类似于同一球场四周板雕上骷髅样式的漩涡。他似乎要和坐在对面屋顶城垛上的两人交谈。这两人中前面一人头戴面具，一手持权杖，一手拿弯曲的闪电设计。后面一人胸部有漩涡眼设计图案（见图 3-9）。

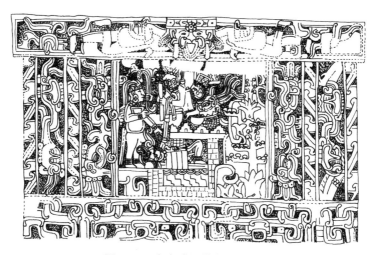

图 3-9　南赛球场的中北端板雕

球场四角的板雕

　　通常情况下，人们会按照从东南到西北，再从西南到东北的交叉路线参观球场四个角落的板雕作品。这种固定的参观顺序与古代祭祀仪式环节保持一致，同时这种参观路线也形象地再现了奥林标志的交叉图案。

　第一幅图中共有三人。中间站一人，两边各坐一人。其中一人的座椅要高于站着的人。第二幅图中有四个人，周围是球场上的两幢建筑侧面。每幢建筑里都有一人，其中一人是动物头，看上去像是狗头，可能是索洛特尔神，也就是克特萨尔科瓦特尔的双胞胎，即为运动神。中间的人扮成球员，手持轭和蹄掌，头戴珠宝及头饰。这两人的面前都有表示高贵身份的曲线符号。中间是球，球上方是两只残缺的、戴手镯的手臂，手臂缠绕在一起，形成了奥林的图案（见图3-10）。

图3-10　南赛球场的西北板雕

第三幅板雕图上有五个人物形象。侧面两人手持打击乐器，一人手拿沙球，另一人手持小鼓和鼓槌。中间的人摆出祭献的姿势，躺在金字塔上。金字塔上有一个形象，从胳膊和双手可以推测出是人，但却长有羽毛、翅膀和鸟头。板雕的上半部分有一个瘦子，除了手脚之外，面部是埃尔塔欣神典型的漩涡设计图案。

第四幅图也是五人形象。场景是一球场，侧面两边能看到两座建筑。其中一人坐在建筑上，中间三人正在进行残酷的祭祀仪式。祭献人坐着，手臂被抓，祭祀人用刀刺向祭献人的脖子。从板雕的顶端降下一个人，躯干干瘪，手脚完整。其中有两处曲线符号较为明显，一处在祭祀人嘴里，揭示其上层阶级的身份；另一处似乎来自祭献人，被那个貌似从天而降的人接住（见图 3 - 11）。

图 3 - 11　南赛球场的东北板雕

北赛球场板雕

北赛球场和南赛球场的板雕作品都出现了相同的六个点。这六个点似乎代表比赛得分，表明已到比赛的关键时刻。这些板雕上的人物数量和相互关系并没有那么复杂，人物间的寓意不够清晰明确，但显然在代表众神，而不是球赛本身。

我们注意到，中间的两块板雕与4号建筑的祭坛都反映了埃尔塔欣城的宇宙观。其中羽毛装饰的圆圈被两条羽蛇缠绕包围，蛇身缠绕两次成结，形似奥林，即为运动的含义。与祭坛中心空心圆的设计不同，板雕作品的中心为一人侧坐，其表达的意思类似于壁龛金字塔的两块板雕，就是我们之前说过的重复的原始标志。

从球场角落的板雕上端发现了与南赛球场中间板雕上神灵类似的雕带，只不过北赛球场的神灵仅出现了单身或单脸（见图3-12）。

图3-12 这里出现的仅是北赛球场板雕上双身神的一个身体

两块板雕上都有人坐在宝座上，其中一幅板雕作品中，一人身体被两条缠绕的蛇身挡住；另一板雕中，被蛇挡住的人右手持奥林符号的树脂袋、头戴埃赫卡特尔（Ehécatl）喙形面具，也许是整个南赛球场中间板雕上到处可见的双身面具（见图3-13）。

还有一幅板雕作品，共出现三人，一人站中间，两人各站一

图 3 - 13 北赛球场刻有羽蛇的板雕

侧并各持一条纺带，其中左侧的人穿裙子，佩传统披肩（quechquémetl），代表着浅浮雕中为数不多的女性。板雕下端刻有水纹，位于中间位置的人为人体鸟脸，还长有蝙蝠样子的翅膀（见图 3 - 14）。

图 3 - 14 刻有鸟神的北赛球场板雕

雕带

雕带装饰多见于赛场墙壁、壁龛金字塔或是顶端的神庙。一般以缠绕神灵的漩涡条纹、神灵符号或脸庞饰带形式出现，暗指神灵无处不在。雕带多次出现赋予埃尔塔欣遗址装饰一定的节奏感（见图 3 – 15）。

图 3 – 15 漩涡或神灵符号雕带

这些雕带中最显著的特点是图案重复，为装饰赋予节奏感，其作用与金字塔主体内部壁龛的效果类似。

柱雕

柱雕是建筑立柱上的浅浮雕作品，是所有柱子完工之后才开始雕刻的，柱雕因而得名。

从柱雕的发掘过程中我们得知，三根立柱往往支撑一个门廊。每根立柱直径约为 1 米，高度各有不同，干砌在一起。由于没有任何卯榫结构或螺柱系统，立柱在砂浆和浮石浇筑的屋顶重压下存在倒塌的风险。

　　令人遗憾的是，加西亚·佩昂在研究柱雕的过程中，将其搬移到了地窖里，并未划定原先的确切位置。因此我们只能凭借一些照片来假设场景现场与柱雕的对应关系，或通过柱雕在金字塔塔侧的塌陷方式或各柱雕呈现的主题差异进行猜想。柱雕高度约为1米，表现的四个场景相互叠加；直径约约为1米，这就限定了柱雕的形状——圆形的柱雕表面也可像板雕一样被视为正方形。也就是说，在柱雕面前，我们无法感知整根立柱完整的侧面场景，而只能看到面前的这一面；换言之，我们的视线将图像切割成正方形。同样有趣的是，这里共有三幅柱雕作品，球场的各墙面也有三幅板雕，以此突出三个平行对齐的场景。

　　这些柱雕的主题非常特别。柱雕上表现的人物不是前面板雕上万人膜拜的神灵，而是实际的统治者。这似乎在告诉我们，任何要想进入这个封闭森严的圆柱宫，都必须事先承认主人的权威。

　　实际上，这些柱雕作品是在赞美，更是在宣传统治者的统治权威，同时还能欢迎外来者进入宫殿（当时只有少数人有机会进入）。

　　柱雕中出现最多的人物是兔十三，因为根据中部美洲的传统，柱雕上的人物名字对应的是其出生日期。

　　柱雕内容表现的多为历史事件，如兔十三登基仪式。登基仪式上，兔十三收到来自墨西哥湾其他地区的羽束和贵珠串等特殊礼品，就像帕帕洛阿潘盆地里奥·布兰科地区传统浅浮雕陶器上描绘的一样。君主将脚踩在一颗被斩下的头颅上，被斩首者的鲜血向四周流淌。除此之外，还有抓捕战俘的场景、球赛及每52年举办一次的"新火"传承仪式。还有的柱雕展现了祭祀斩首，甚至是祭祀婴儿的场景。人物方面，少有妇女出现，在重要仪式中则经常出现神灵或装扮成神灵的人（见图3-16）。

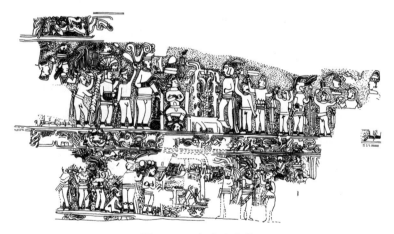

图3-16　兔十三立柱

除了通过加西亚·佩昂的建筑照片及建筑底部的部分考古证据来确定柱雕的位移之外，我们还对柱雕场景根据不同主题实施叠加修改（每幅柱雕四个场景，共十二幅场景）。

由此我们发现，唯一记载有人名的北侧柱雕上多次出现兔十三。中间场景里大小各异的人物相对，个头较小的似乎在向个头较大的讨要礼物（见图3-17）。南侧柱雕上展示的则为各种神话及宗教仪式场景。

图 3-17　柱雕场景（男性身高是中间动物及女性的两倍）

祭坛

祭坛是指加西亚·佩昂在 4 号建筑发现的平行六面体中空砌块。祭坛上的浮雕作品质量上乘，并与城市规划图保持一致，代表的是当地人方正的宇宙观——太阳位于中心，水在两侧，四人正在举办或许象征权力继承的"新火"传承仪式。

壁画

壁画在埃尔塔欣大规模地发展起来，其绘画技艺和风格上再次受到特奥蒂瓦坎的影响，并在吸收内化之后形成了自己独特的风格。

红色叠加粉色是特奥蒂瓦坎壁画的色彩特点，壁画的主题通常是阶梯回纹图案、十字架和漩涡图饰（几乎占满整个画面）及半人半神像。由此，我们大致可以推测出，墙壁上出现的各种复杂的宗教祈祷文是为了凸显古城的宏伟气势。

遗址现场保存最完好的壁画位于宗教仪式区的 11 号、11-2 号建筑以及塔欣·奇科的 I 建筑里，但在球场建筑顶部、住宅区的 A 建筑或圆柱宫内同样能找到一些残片。

城市的功能分区使得不同地区的壁画呈现出不同的特点。11 号和 11-2 号建筑壁画共同构成了壁龛金字塔附近的球场，为了能在远处看见，壁画往往设计得很大。但是 I 建筑的壁画笔触却十分细腻，人物造型精巧，恰好证实了我们原先的想法，即 I 建筑不对普通民众开放，只有居住于此的人才有机会近距离欣赏。我们在圆柱宫中发现了一些壁画碎片，上面可以看到各种小人物。由于壁画尚不完整，目前暂时无法确定其表现主题，但很可能与赞扬统治者的功绩或当权者举办的仪式相关，这在柱雕上尤为明显。

宗教区域

11 号和 11-2 号建筑的壁画

这些壁画高约 1 米，与巨大的阶梯回纹图案共同形成了倒置的金字塔图案。壁画内出现了埃尔塔欣浅浮雕中多次出现的漩涡状眼睛，代表神灵无处不在。在这些壁画图案中发现的编码符号，外形上与玛雅文字类似，但却未按照正常的、便于人们阅读的顺序排列，故而增添了神灵的神秘感，提高了其身份价值。例如，在倒置金字塔内的漩涡状眼睛里至少两次发现 kin 图形。该图形主要是指一个圆，圆中有标记和同心圆，圆外每隔 90 度标记两条直线。图形寓指太阳，在玛雅文字中可理解为"一天"的意思。漩涡状眼睛上的字符装饰与特奥蒂瓦坎时期的类似。因此，这个复杂的编码图形受到了其他地区的影响，经过改造且与现在我们看到的主流宗教祈祷文息息相关。

关于壁画的颜色，上面回纹饰图案是特奥蒂瓦坎典型的红与粉红混合色，背景图案则为高贵的玛雅蓝。部分壁画上端用赭红色饰带装饰，其他部分则采用抛光砂浆的天然奶油色为背景色，壁画的主色调也是此种颜色。

塔欣·奇科

I建筑

在I建筑室内和室外都发现了壁画。室内壁画融合墙壁的建筑元素，形成重复的设计。饰带、嵌条、裙板底部和斜面上装饰有半人半神形象，头戴十字形面具（见图3-18）。这种元素重复带来的节奏感与壁龛内部阴影造成的节奏感类似，因此我们更能感受到壁画中砖石建筑装饰的强烈影响。

壁画用色非常大胆，有红色、赭红色、白色、黑色、粉红色、多种蓝色和绿色。这样的配色让我们相信，塔欣·奇科的浅浮雕极有可能之前也上过颜色。我们知道，灰泥建筑上墙壁曾经十分鲜亮。试想一下，如果这座城市被矿物颜料涂成蓝红色，与周围绿色植被形成的视觉效果会让城市显得多么与众不同，这将与我们今天所看到的单色视觉效果相差甚远。如今到处断壁残垣，砂岩建筑颜色单调，和城市高处的神庙一样，已失去了原本的色彩和意义。

图 3 - 18 I 建筑壁画中重复出现的人物形象

无论是古城遗址的雕塑还是壁画，装饰的主题和形式都必须与建筑功能保持一致。因此，球场壁画图案较大、笔触粗重，方便观众在远处发现，而住宅区的壁画图案较小、用笔细腻，方便人们近距离观摩。

圆柱宫

有证据表明壁画本应处理得更加自由。在塔欣·奇科圆柱宫和 A 建筑中都发现了部分壁画碎片，上面用天然奶油色描绘了宗教游行及仪式的场景。

壁画、雕塑和砖石上重复出现的装饰符号都揭示出，克特萨尔科瓦特尔神崇拜是当时整个中部美洲神灵崇拜的中心。因此，在遗址现场随意走走，就能认识到本地宗教思想与其美学表达联系在一起的双重性。

陶器

　　陶器在日常生活中十分常见，被认为是最不起眼的艺术形式，但其在美感创造方面丝毫不逊色于其他任何材料和形式。如果说前面提到的艺术形式因为材料成本过高，或制作过于专业，抑或统治阶级对作品表达的思想控制过于严格，而只服务于上层人士的话，那么相比之下，陶器的使用则非常普遍。陶器由陶土制成，被普通家庭使用。其制作简单，完全不需要专业作坊，甚至在家庭内部便可完成制作。

　　陶土在成型之前可塑性很强，便于人类进行塑造。不同时期的文明都曾用陶土塑造过自己的神灵。制作肖像模型、陶土与水混合成型、控制水和空气比例、保持形态持久是陶器制作的四大要点。陶器可用来装水、储存食物、保存祭品及存放死者遗体等。

　　陶器具有经久不腐的特点，因此考古学家可据此来确定不同的历史年代。陶罐的出现是人们定居生活开始的标志。陶器是人类定居点最为常见、最不起眼又最常用的见证者，也是考古学家最重视的证据之一。考古学家通过出土、清洗、标记、登记、分类、描述、测量、称重、绘制、拍照、分析、量化和比较等一系列流程，对陶器进行合理的考证。

　　经过上述操作，陶器便显示出职能特性，便于研究者了解人类文明出现的时间、影响、贸易及人口密度等数据。埃尔塔欣现存的粗陶残片中，有的用来盛放水和食物，有的用来记录执政者兔十三的功绩，还有的成为圆柱宫主人和普通百姓餐桌上的餐具。一些陶器的表面也记载了与立柱上相同的内容，即统治者的壮举。立柱用来支撑门廊，而陶器则可用来迎接客人，包括本城人和外城人。客人见到主人之前，通过陶器便可了解其功绩。

必须指出，到目前为止，埃尔塔欣城遗址现场几乎找不到保存完整的陶器，可能是对之前覆盖金字塔的土层展开的深入发掘导致了塔周满是碎石瓦砾。一些残存下来的碎片反映了本地区使用碗具的传统，这些碎片呈现出自然陶土色，有时还装饰有几何图形、对称图形或同心圆图案。通过分析，我们发现有装饰的陶器并非大多数，因为遗址现场发现的多为日用陶器，材质和外形上都较为粗糙。

尤尔根·布鲁格曼博士负责埃尔塔欣考察项目，根据其团队建立的分类方法，可将陶器分为以下五大类，具体如下：

第一类：家用陶器

第二类：抛光或磨光陶器

第三类：占卜陶器

第四类：实用陶器

第五类：细膏陶器

前四类陶器主要在日常生活中使用，最后一类多用于重要仪式。前两类的陶器包括各式盘子、砂锅和碗，其中抛光陶器表面细腻光亮，家用陶器则外表粗糙。饼铛同时也属于第四类，因为虽为家用，但在烹饪过程中也具备其他具体的实用功能。

第三类陶器为埃尔塔欣遗址特有。此类陶器还可细分为六种类型，根据构成材料和装饰种类，主要可分为粗糙条纹和拉刷两大类。

第五类为细膏陶器，主要有橙色、红色、红底黑面、白底红面和象牙色。从数量上看，此类陶器要少于表面粗糙的类型，尤其是一些奶油色或月桂色的陶器，虽然起源于后古典时期早期和后古典时期晚期的墨西哥湾沿岸地区，但一直传播到韦拉克鲁斯中部和北部的沿海地区。

因此我们大体上可推测，占卜陶器是埃尔塔欣古城最有特色的陶器种类。主要分为两种：一种因其外表粗糙被称为"粗条纹陶"；另一种体积较大，内部呈红色，被称为红陶（据亚米勒·里拉提供的信息）。

仔细观察后我们可以发现，还有一种特殊的容器，制作过程中采用中等致密的陶糊。这是带浅浮雕的陶器，由学者杜·索里尔（Du Solier）于 1945 年首次发现。这种陶器数量不多，和柱雕一样，是在与立柱同名的建筑里被发现的。有趣的是，尽管陶器和柱雕这两种艺术品形制不同，但它们表面的图案却是一致的。

至今我们仍没有发现保存完好的此类容器。在现有陶器碎片的基础上，我们模拟历史上可能存在的形制修复了一些陶器。通过观察得知，陶器表面又出现了相同的场景——兔十三（根据脸部前面的名字和标识可加以识别）手抓俘虏头发，脚踩俘虏身体。俘虏没有名字，身高仅为兔十三的一半，这清楚地说明了两者的等级差别（见图3-19）。俘虏无名和矮小两个特征在柱雕上也一样。

图3-19　根据碎片修复的兔十三陶器

陶器是三脚钵状，器皿下有圆形支脚支撑。该形状特征继承了特奥蒂瓦坎器皿制作的传统，但浅浮雕的手法却在墨西哥湾沿岸的多处地方发现，尤其是在韦拉克鲁斯以南的里奥·布兰科和帕帕洛阿潘盆地。但与埃尔塔欣陶器碎片不同，帕帕洛阿潘盆地发现的陶器整个外表表现的是单独的场景。另外，埃尔塔欣的陶器表面出现了连续重复的场景，这种重复形成的节奏感显然已成为一种标志，在建筑或壁画方面都取得了巨大的成功。

亚米勒·里拉在20世纪90年代说过，其在率领团队对圆柱宫项目进行考察期间曾发现过类似的陶器碎片。据他描述，这些陶片是由一种致密的中等陶糊制作而成，陶片表层涂着黑色、各式棕色或红色等颜色。由此，我们可知，上述陶器并非杜·索里尔的个人杜撰，而是一种被卫城最高处住宅区人们使用的餐具。

劳拉·佩斯卡多（Laura Pescador）在对壁龛金字塔的考察过程中，在金字塔东侧的一处居民住宅里也发现了类似的陶器碎片。

这些浅浮雕陶器不断重复的设计，让我们在谈论建筑和壁画时，都会立刻联想到这种节奏感，其中以两个角色作为代表：兔十三和俘虏。陶器上的图案与圆柱宫上的柱雕相关联。作为此种浅浮雕陶器的发现地，埃尔塔欣既是兔十三的生活区域及获得功勋之地，也是其抓获俘虏的地方。

显然，这种在上层人士住宅中被发现的特殊陶器仅限于统治阶级使用。

和颇具争议的克特萨尔科瓦特尔神一样，最有代表性的人物兔十三在浅浮雕作品中扮演着不同的角色。事实上，他以各种形象出现：英雄、抓俘虏的战士、比赛球员、祭祀人、坐于宝座或脚踩劲敌头颅的统治者。同样，陶器上还记录了兔十三抓俘虏的场景，不仅凸显了浅浮雕在艺术上的作用，更显示其为统治者宣传功绩的政治工具。

圆柱宫外的陶器不那么侧重表现权力。事实上，通过对这些材料的分析，我们可以发现，尽管在埃尔塔欣遗址周边地区已发现更早的人类定居点，但中心城市、遗址区域及古城周边地区出土的陶器在种类、陶糊、形状和成品等方面都保持着高度一致。

应当指出的是，通过对陶器材料的分析，我们发现，虽然陶器成品不多，但可初步确定为属于瓦斯特卡文化（位于埃城北部）、韦拉克鲁斯中部（位于埃城以南）和托托纳克文化的占卜陶器。

因此我们认识到，在城市快速发展的四个世纪里，陶器的类型基本保持不变。先是制作出具有当地特色的陶器，后来由于人们长居于此，制作陶器的传统被保留下来。此现象长期存在，揭示了代代相传的传统，其他艺术形式也是如此。无论城市处于何种发展阶段，建筑、雕塑和壁画方面的风格如果保持一致，便可为之后的图形和美学发展奠定坚实的基础。同时，保持该传统还意味着认同各学科的高超造诣及其对巩固风格身份的作用。因此，我们谈及"塔欣风格"时，必然会提及其对中部美洲其他地区艺术产生的重大影响。

陶器在埃尔塔欣文明中地位十分重要，即使单纯的陶器造型也具有巨大的象征意义。例如，在南赛球场中间板雕上出现了一个侧面人物，手持漩涡形陶器，指向一人。被指的人平绑在有水的城垛建筑里，坐在建筑高处的两人把他接住。从透视的角度来看，在一个大型种植园里遍布各式植物，人身后种植的各类已开花的龙舌兰表现出了物体距离的远近。由于该场景出现在球场的中心位置，我们坚信其重要性。场景里出现了一个双身单脸神，也许是在举行某种神秘仪式。由此，我们认识到漩涡形设计主要用于神圣的宗教仪式，但此陶器里面究竟装了何物？是水？性状像龙舌兰酒的"圣水"？还是被绑人的遗体？他们是在庆祝体液带来的生命还是在悼念死去的人？我们不得而知。

陶器在生前可当作盛放食物和液体的容器，在死后还可陪伴死者，成为下葬时的陪葬品，同时也可以成为安放死者遗体的容器。这一点挺有意思。死神以漩涡形反复出现在南赛球场四周的浮雕中，各个角落都能找到表示死亡的图形，再现了赛后祭献球员的情景，同时也暗指球赛后有人难逃一死的宿命。

事实上，将死者遗体盛放在陶皿中的做法在中部美洲非常普遍，被称为二次埋葬。也就是说，遗体被包裹掩埋很长一段时间后，骸骨会被分离出来，再置于陶皿中。从这个意义上说，陶皿是死者最后的安身之处。

也许正是如此，漩涡才成为与死亡相关的符号并出现在南赛球场的柱雕上。前面已经提到过，我们在球场四角发现了代表死神的浅浮雕作品。死神消瘦的身体从漩涡中升起，陶器底部的图案象征水，让人联想到存放死者尸体的陶器通常被埋在埃尔塔欣临近地下水层的位置。实际上，埃城遗址的地下水位与宗教仪式区的地表水位齐平，每逢雨季，水位上升，球场将被淹没。球场四周各处从漩涡中升起的骷髅形象正是死亡笼罩的标志。球赛结束后球员将被作为祭品。人们将球场形容为一个多水、潮湿阴暗之地，与明亮温暖的太阳形成强烈的对比，明暗对比也象征着球场正在举办与生死相关的宗教仪式。

陶像

在对南赛球场隐蔽角落的发掘过程中，出土了数百个长有生殖器官的长鼻俑。长鼻俑是墨西哥湾沿岸的传统形象（Medellín，1960：68），人们将其描述为降落的飞鸟，并将其与西方的太阳联系在一起。埃尔塔欣陶像都是小人物，高约 12 厘米，左右对称，头身长度大致相等，鼻子和阴茎凸出。由于凸出的角度明显，人们从陶像头部上方往下看就能看见鼻子或是阴茎部分。许多陶俑从腰部折断，或是毁于祭祀活动。陶俑数量之多让人不禁想起这是一种隐秘的祭祀仪式，其体现出来的阳刚气质刚好彰显了球员的男性气概及比赛本身的象征意义。我们还知道，这种陶像在费洛博博斯（Filobobos）等韦拉克鲁斯中部地区也被发现过。

其他艺术

埃尔塔欣古城的建造者在建筑、雕塑和壁画艺术等方面取得的诸多成就已被人们多次提及，但其他艺术形式似乎由于过于日常而被忽略。我们还没有对埃城出土的纺织、羽绣或珠宝等艺术品开展过深入研究，而且它们往往难以留存到今天；但仅从出土的壁画和雕塑艺术作品，我们就已经感受到埃城的艺术成就。

壁龛金字塔后方祭坛上的墓葬中发现了一些珠宝。我们认为，这些珠宝与浅浮雕中贵族所佩戴的耳饰相似——圆形和弯曲细长的象牙形。如果雕塑作品反映的都是事实，那么我们有理由相信出土的服装、头饰、羽绣、盾牌、箭、刀甚至石制和易腐材料房屋等文物都真实地反映了埃城普通民众的日常生活。

总结

　　人们对西班牙殖民时期之前的埃尔塔欣古城遗址的了解大体来自壁画、雕塑、绘画及陶器等艺术形式。这些艺术作品成为真正了解创作者意图的有效媒介。建筑师的作品并非偶然之作，而是遵循一定的规律，这种规律与环境、季节周期和星体以及宗教领域等概念相关，神权则拥有所有领域的最终话语权。

　　我们在埃尔塔欣的许多复杂图像中发现被神秘符号围绕的神灵，有时能看到人物及其名字，有时还能发现人和神在交流。这些场景不仅再现了神话，而且还以历史的视角还原了部分历史事件，用来颂扬统治者至高无上的权力。

第四部分

宇宙观

一城一世

城市平面图

虽然中部美洲的宇宙观在不同地域、不同历史时期有不同表现，但总体上保持了一致性。因此，我们可以从历史上层出不穷的各种宇宙观的表现形式中发现相似之处，如4号建筑里的祭坛就与阿兹台克祭坛非常相似。

事实上，表现祭坛的图片与中部美洲众多古籍和图片材料里呈现出的宇宙观一脉相承。

为展现阿兹台克人的宇宙观，我们不妨引用洛佩兹·奥斯汀（López Austin）的描述：

> 大地的表面被认为是矩形或圆盘，圆盘周围都是海水，大地末端的海水抬高形成水壁直达天空……位于大地中心的是一块被穿透的绿宝石，绿宝石上四片巨大的花瓣交织在一起，成为世界的另一个象征。（López Austin，1984：65）

下面的祭坛图来自另一个时代和另一个地方，但从中也能看出古典延伸时期的埃尔塔欣风格的影响痕迹（见图4-1）。

从前面洛佩兹·奥斯汀的描述中，我们得知祭坛平面图为矩

图 4-1　祭坛

形，中空处有一个太阳。这点可通过旁边的羽毛和箭矢装饰加以确定，因为箭反映着太阳好斗的性格。

平面图左下角和右下角的水纹图案让人想起漩涡眉蛇头的侧影。

太阳图案周围有两个羽蛇神，蛇身朝上、朝下缠绕两次，缠绕的蛇身构成了奥林形状。所有这些设计元素都位于祭坛上方，祭坛下方则为一只神龟。

该场景里共有四人，中间两位中心人物年龄不同。（左侧）人物脸上长有皱纹，应为一名老者。他一手持祭祀刀，另一手残缺，象征着死亡。另一人（右侧）年纪轻于前者，手持芦苇束，象征着每52年举办一次的"新火"传承仪式。这两人踩踏地面，另两人双脚浸于水中，手持树脂袋，地位显然不及前两人。

上述四人的头饰后方都出现了在埃城无处不在的标志——漩

涡眼。

为了方便阅读，我们将祭坛图以更适合读者观看的角度展示给大家（见图 4 - 2）。

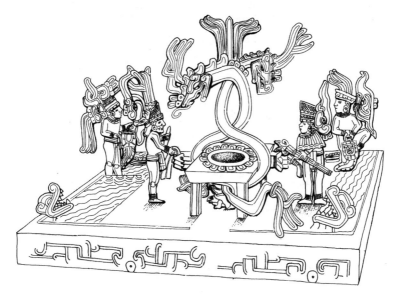

图 4 - 2 祭坛图的透视图

这幅图完美体现了方形宇宙及其中心——太阳。宇宙由水、土、火、风四大元素构成，并被第五元素——运动整合及规范。如此结构一方面解决了不同元素间的对立，使得其他天体以大地为轴心运转；另一方面也再现了球赛仪式，或许还从某种程度上表现了统治权力交接的场景。

从上图中我们发现埃尔塔欣的宇宙观与中部美洲的其他地区存在一致性，从埃城的平面图（见图 4 - 3）与祭坛图（见图 4 - 4）

的对比中也能发现一些对应关系。

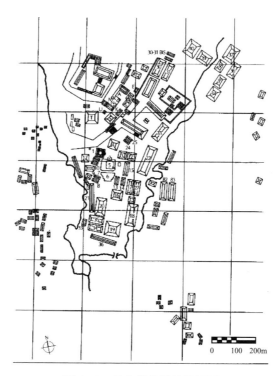

图 4 - 3　埃尔塔欣城的平面图

　　仔细观察埃尔塔欣的城市平面图，我们惊奇地发现，平面图中也出现了主要的符号元素（见图 4 - 5）。

　　壁龛金字塔位于城市中心，代表着宇宙中心的太阳；上面365 个壁龛则清楚地表明太阳在宇宙中的运行周期。

　　河流流向为从北向南，位于埃尔塔欣城宗教仪式区的东西两侧。无独有偶，中部美洲大部分文明地区的水流都是流经城市的

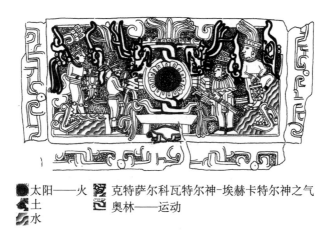

■ 太阳——火　　　🔲 克特萨尔科瓦特尔神-埃赫卡特尔神之气
🔺 土　　　　　　 🔲 奥林——运动
🌀 水

图 4-4　祭坛中代表性的要素和概念

东西侧。

埃尔塔欣古城各处皆能发现羽蛇神的踪迹，城中最能代表其神灵气质的建筑当属羽蛇神殿。神殿壁龛形似蜗牛壳的横剖面。260 个壁龛代表的是宗教历，与 365 天的太阳历一起，共同构成古城的纪年体系。

土元素是整座古城的地基，在祭坛图里土用乌龟侧面代表。乌龟同时也代表了位于宗教仪式区中心的祭坛底座。

祭坛的运动元素通过扭曲的蛇身来表示，城市平面图则是通过球赛的举办地——球场来展现。球赛活动让人想起四个对立要素间的循环往复，寓意生命的轮回。不同天体的周期运动堪比时间的流逝，埃城人对时间计数的着迷也与宇宙运行等天文现象相关。我们发现，凭借太阳围绕地球运转的有关知识，埃城人在四个水平方向和四个垂直方向之外添加了时间维度，因此中部美洲

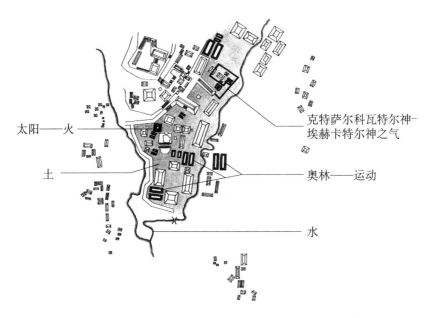

太阳——火

土

克特萨尔科瓦特尔神-
埃赫卡特尔神之气

奥林——运动

水

图 4 - 5　埃尔塔欣城平面图与祭坛表达的相同概念和元素

的宇宙观不仅限于三维概念。尽管听起来有些荒唐，但我们认为，中部美洲人的宇宙观更接近于后爱因斯坦的物理世界，因为其中包含了运动，表达了时间流逝的概念。

此外，就像祭坛上的羽蛇神缠绕在太阳周围一样，埃尔塔欣城的游客参观时也必须绕行于各建筑周围。与中部美洲多数城市笔直的街道不同，古城的参观线路蜿蜒曲折，形似金星在宇宙中曲折的运行轨道。如果说中部美洲其他城市的宗教游行是沿着直线道路行进，那么在羽蛇神、双身神、启明星之神特拉维斯卡尔潘特库特利（Tlahuizcalpantecuhtli）及金星崇拜的埃尔塔欣城，宗教游行队伍也必须行进在曲折的道路上。

重叠的水平面

　　整个中部美洲认同的是一种复合的宇宙观，即在垂直面上层层叠加，埃尔塔欣也不例外。祭坛画中的羽蛇神蛇身从乌龟底座一直延伸到祭坛上方，羽毛则代表更高层次的鸟类。在中部美洲地区，人们更倾向于用常见的树来表达级别的概念——树根深入冥间，树干穿过人间，树冠直抵天空。树上经常众鸟盘踞，而鸟类是超世界生物的代表（见图 4 - 6）。

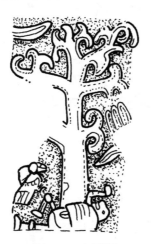

图 4 - 6　树干图

　　人们在埃尔塔欣城的平面图中发现了各种植物，在塔欣·奇科的板雕上意外地发现了宇宙之轴（axis mundi）（见图 4 - 7）。树根深入金字塔内部，直抵地怪咽喉。金字塔寓意圣山。长在树干、树枝及树顶的可可果是西班牙殖民时期之前当地的经济支柱，具有重要的象征价值。

图 4-7 树板雕

板雕中有两人，其中一人坐在金字塔上，一手抚摸一只猫，猫尾到达塔下的冥界。他身后是骷髅，骷髅食指指天，寓意死亡。另一人头戴骷髅头饰，沿着金字塔的台阶走向坐着的人。由于人类占据了宇宙的中间层次，所以两人都位于板雕的中间位置。在冥间，一只地怪贪婪地张开大嘴，嘴上方是树，树一直生长到上层世界。

其他的浮雕作品也印证了这些观点。许多柱雕上面的植物上落有鸟类栖息，鸟代表更高层次的生物。同时柱雕上也发现不少地怪，多分布在柱雕碎片上。锯齿状地怪仿佛在吞噬太阳，太阳被带有奥林标志的箭穿过，寓意着每天日落之时太阳被大地吞噬的场景（见图 4 - 8）。

图 4 - 8　柱雕碎片（左侧是球员与躯干干瘪的人，右侧为双胞胎站在吞噬太阳的地怪周围）

时间的几何维度

众所周知，中部美洲地区的古文明都极其重视记录时间。时间的衡量包括周期和同期两个维度。统治者十分重视掌握时间周期，因为他们需要依此对天体运行、旱季雨季、播种及收获时节进行预测。

甚至出生日期也影响着人和神的命名，生日同样预示着个人的性格、能力和爱好。

我们可以发现，埃城人一方面关注人名的记录（事实上只是记录了其出生日期而已），另一方面着重记录了芦苇束活动。芦苇束符号经常被记载，代表着"新火"传承仪式。仪式一般在本地两种历法同时开始新一轮纪年时举办，两种历法分别以 260天、365 天为全年基数，52 个 365 天刚好等于 73 个 260 天。

令人惊奇的是，埃尔塔欣的历法周期计数同样体现在建筑上。

每年春分时节，在阿罗约建筑群的 19 号建筑，太阳从南到北在北面阶梯的西边栏杆上投下阴影（Galindo，2004：386），就像 18 层的奇琴伊察金字塔那样。另外，和奇琴伊察金字塔相同，该建筑共有四组台阶，每个侧面各有一组，大致勾勒出建筑的四个方位，塔身为中心，似乎寓意着城市的起点。

壁龛金字塔则位于古城遗址的中心位置。365 个壁龛象征了以太阳运行为基础的太阳历纪年。对金字塔阶梯下的壁龛进行统计后，发现壁龛的数量分布呈现以下规律：

第七层每边 5 个×3 个边（北、西和南）＋正面（东侧）2 个＝17

第六层 7×4＝28

第五层 10×4＝40

第四层 13×4＝52

第三层 16×4＝64

第二层 19×4＝76

第一层 22×4＝88

————

总计 365

此外，虽然如今阶梯上仅剩 15 个壁龛，但由于至少有 3 个壁龛受损，算下来至少共有 18 个壁龛。另一个重要的数字是52，它既象征着一个时间周期，与人们发现的阶梯下的壁龛数量相同，同样也与金字塔主体第四层的壁龛数量一致。

由于尚未完工，羽蛇神殿目前并未完全对公众开放，但据负责埃尔塔欣勘探和加固工程的两位建筑师雷内·奥尔特加（René Ortega）和埃塞基耶尔·海梅斯（Ezequiel Jaimes）估计，带有回纹图饰的墙壁表面本应有 260 个壁龛，代表与太阳历并行的宗教历。

但是，除了这些简单的计算外，还有必要考虑到天体运行观点在整个中部美洲的重要性。耶稣斯·加林多认为，壁龛金字塔的天文分布对应的是 3 月 4 日及 10 月 9 日两天的日出时间（2004：378）。尽管这两个日期似乎与天文事件毫无关联，但据加林多本人透露，这些日期与冬至日前后各相隔 73 天。3 月 4 日和 10 月 9 日之间相隔 219 天，相当于 3 个周期，每个周期 73 天。因此，将太阳历的 365 天分为 5 个 73 天。数字 73 尤其重要，因为它既是一个完整的宗教历周期 260 的乘数，同时可用来重新开启 52 个太阳历周期。

以下我们绘制的是一个太阳年的纪年表（见图 4-9），以 20 天为一个月，18 个 20 天加上 5 天，就是一个完整的太阳年。我们标记好了壁龛金字塔对应的天文分布日期——冬至日和另外两个日期，将一个完整的太阳年分为 5 个周期，每个周期 73 天。太阳历上的数字符号与梅花形类似，这也与金星相关。这可能是梅花形或交叉状图形的由来，四个方向加上中心轴便构成了理想的宇宙结构，但这种宇宙形态是通过时间计算获得的。

因此，壁龛金字塔的计算需要将太阳的运行周期和金星的绕行路线结合在一起。这些知识对普通人而言相当复杂，但极有可能只是古城首领必须掌握的知识的一部分。

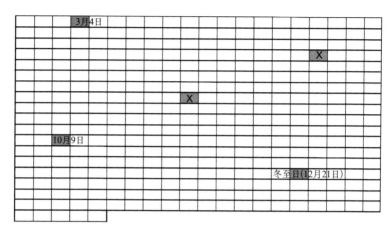

图 4 - 9　以 73 为一周期划分 20×18 的太阳历，最后形成了标志金星的梅花形

10 月 9 日＋73 天＝冬至日

冬至日＋73 天＝3 月 4 日

3 月 4 日—10 月 9 日＝ 219 天＝73 天×3

杜兰（Durán，1967：239）曾指出，上述纪年表将 3 月 1 日视为年初，这离金字塔对应的天文排列日期 3 月 4 日最为接近。我们很清楚，历史学家对于一年的初始日期意见不统一，不同人有不同说法，所以该日期十分灵活。当然，这并非本书的主要议题，本书要讨论的是根据上表中的日期划分太阳历，由此构成了五点梅花形状，而梅花形又是金星的象征。因此我们可以看出，在以天文事件为标志的时间周期计算方面，埃尔塔欣人把追求几何完美做到了极致。

要知道，玛雅人认为金星的运行周期是 584 天，584 正好可以被 73 整除；而在以"新火"传承仪式为开始标志的一个时间

周期中，与 52 个太阳历周期天数相等的宗教历周期，也正好是
73 个。

由于金星离太阳很近，人类从大地上观察到的金星运行轨道
反复无常。金星的运行轨道总体上是转离太阳，转回太阳，转到
太阳前，再回到太阳后。

日落时，金星出现在太阳以东位置，日出时，又位于太阳以
西。作为除太阳和月亮之外最明亮的天体，金星具备了双重身份
并引发了各种神秘猜想。在中部美洲，金星被认为是双胞神（克
特萨尔科瓦特尔神和索洛特尔神）的代表，同样也是羽蛇神意义
非凡的名字的来源。

十分有趣的是，金星在黄道上来回运转的轨迹像极了反复缠
绕的蛇身。蛇身缠绕形成了祭坛图中太阳标志旁的运动图案，该
图案既出现在北赛球场两幅板雕上（见图 4 - 10），也出现在壁龛
金字塔的另两幅板雕作品中。这很好地解释了埃尔塔欣的城市规
划看上去较为糟糕的原因：城市中的道路规划不是沿直线设计，
而是在建筑周围迂回。

众神

这里我们使用的多是墨西哥中部常见的神名，这些神也许不
是埃城的庇护神，但却具有类似的特征，同时身上融合了西班牙
殖民时期之前的其他神的特点。因此，一神兼具雨神和风神属性

图 4 - 10 北赛球场板雕上缠绕的羽蛇神

就不足为奇了。比如太阳神和月亮神同时是雷神，双胞神具有埃赫卡特尔神的特点。

这在中部美洲的宗教史上也不少见。洛佩兹·奥斯汀（1983）曾对中部美洲历史上宗教人物和宗教崇拜的分分合合进行了相关记载。

克特萨尔科瓦特尔

克特萨尔科瓦特尔在古典延伸时期传播并开始受到崇拜，他拥有多个名字，在埃尔塔欣古城以不同形态和样式出现，充分凸显了其重要性。

（1）球赛仪式与对克特萨尔科瓦特尔和索洛特尔的崇拜密切

相关，因此，球场的数量（17）直接反映了对两神的崇拜。

（2）羽蛇神多次作为建筑装饰元素出现，甚至出现在有阶梯回纹图案的墙壁表面。阶梯回纹图案其实是指蜗牛壳横切面的螺旋几何形状，该形状同样也出现在克特萨尔科瓦特尔神的胸部。

（3）金星的重要性在壁龛金字塔、五点梅花形及羽蛇神上得到了充分体现。这使人不仅想起克特萨尔科瓦特尔名字的确切含义，还能联想到它缠绕在太阳周围形成的运动图案。

（4）在塔欣·奇科的 I 建筑的十字架上出现了戴蜗牛壳横切面图案面具的人，十字架边缘延伸至人的手边。和梅花形一样，十字架也与克特萨尔科瓦特尔相关。

（5）壁龛金字塔有一幅板雕作品，其中一人通过嘴中图案与蝙蝠相连。一种待核实的神话版本是，蝙蝠是从克特萨尔科瓦特尔的精液中诞生的，但是在另一神话版本中，精液被换成了上帝的唾液。

（6）另一幅来自壁龛金字塔的板雕上出现了一个胸口有蜗牛壳剖面形状的人，这无疑也是克特萨尔科瓦特尔的显著标志。

双神

在南赛球场的中间板雕作品上，出现一个双神，神脸由两张面孔合而为一。皮娜·陈（1977：33）认为这就是克特萨尔科瓦特尔和四脚神纳克希特尔（Nácxitl）（皮娜·陈在关于埃尔塔欣的作品中一直以 Nácxitl 称呼）（Piña Chan & Castillo，1999）。双神脸上长有一与风神埃赫卡特尔类似的喙。风神的灵感也是来源于对克特萨尔科瓦特尔的崇拜。

同样，双神还可指两位原始神灵：男主神奥梅德奇特立（Ometecuhtli）和女主神奥梅斯伊瓦特（Omecíhuatl）。作为创造神，双神经常以双身男主神的身份出现在仅有男性的神话中。

索洛特尔

索洛特尔常与克特萨尔科瓦特尔为伴，是克特萨尔科瓦特尔神的双胞胎，两人形影不离。索洛特尔是人身狗脸，经常出现在埃尔塔欣的西北板雕和壁龛金字塔缠绕的漩涡形雕带上（见图 4 - 11）。

图 4 - 11　索洛特尔

风神

除了长着鸭嘴的双神之外，类似造型的风神也反复出现在塔欣·奇科Ⅰ建筑壁画上，通常呈现各种色调不一的蓝色，使人想起玛雅古籍中的神灵风格。其胸前和胳膊上的 Ik 形为天气和风的标志，十分引人注目（见图 4 - 12）。

图 4 - 12　带有 Ik 形的风神

特拉洛克

特拉洛克也多次出现，其最大的特色为护眼罩和锯齿嘴。

在一些情况下，特拉洛克代表着下降和坠落，如倾盆大雨一样。他常以正脸出现，身体姿势与晚些时候出现的大地女神特拉尔特库特利（Tlaltecuhtli）的正好相反。

有趣的是，他虽然具有人形，但却头戴特拉洛克面具，与他同时出现在立柱雕刻中的还有一位沿绳索自天而降的女性，旁边站着一位贵族妇人，头戴兔十三典型发饰，或许寓意着她与统治者存在亲好或血缘关系（见图4-13）。

图4-13　柱雕碎片（左侧站着一位贵族妇人，身后是鸟振翅起飞）

米克特兰特库特利

死神反复出现在南赛球场四周，时刻让人想起球赛与球赛血祭之间的悲惨联系。

米克特兰特库特利（Mictlantecuhtli）头似骷髅，肋骨、脊椎、臂骨以及由椎骨构成的胸骨由关节相连，一一清晰可见，双手干瘦如柴。

部分雕带中还出现了骷髅头，嘴里吐出由小珠宝装饰的单词符号。

在南赛球场的东北板雕上出现了骷髅，从上往下降落在祭献人上，并从其手中接过一个单词符号。

所有这些形象都使我们想起韦拉克鲁斯中南部墨西哥湾沿岸地区的"鲜活的亡灵"，如埃尔·萨帕塔尔（El Zapotal）和米克特奎拉两地的死神王及哈拉帕人类学博物馆的罗斯·塞罗斯（Los Cerros）标本。这些死亡形象看似仍有生命，面带微笑、阴森恐怖，令人不寒而栗的同时，又让人觉得活力四射（见图4-14）。

图4-14　妙言之死

鸟神

我们未找到鸟神与墨西哥中部其他地区信奉神灵之间的关联，但却发现它早就出现在古典时期玛雅文明帕伦克地区的图案中（见图4-15）。鸟神人身、鸟头、羽翅，自天而降，有时与祭祀相关，如出现在两球场板雕的西南和北赛球场的西北位置时（见图4-16）。这也说明，其位置与日落相关，既可在日落的北方，也可在日落的南方。

图 4-15　鸟神

图 4-16　鸟神自天而降

塔欣神

塔欣神雕塑发掘于 5 号建筑，体型瘦弱，眉毛上刻有字符，手持被视作闪电的弯曲物件。

阿尔瓦罗·布里苏埃拉（Álvaro Brizuela）已经意识到同时

代的托托纳克土著信奉代表暴风雨的塔欣神。从这个意义上讲，他认为该雕塑"代表风、雨、闪电和雷电等一系列气候现象"（Brizuela，2008：957）。但无论如何，我们必须坚持暴风雨与飓风灾害并不是一回事。

太阳神

在北赛球场的中间板雕和壁龛金字塔的板雕上，我们发现刻有一个坐着的侧脸生物，四周满是羽毛装饰，羽毛呈护胸盾形。该设计让人不禁想起太阳。太阳周围同样缠绕着两条羽蛇神（见图 4-17）。太阳神坐在象征权力的宝座上，这一场景与立柱浮雕上的兔十三登基仪式类似。前面我们已经提到过，加林多（2004：383）认为该生物就是太阳，被代表金星的蛇包围，金星沿着黄道穿行于宇宙之间。

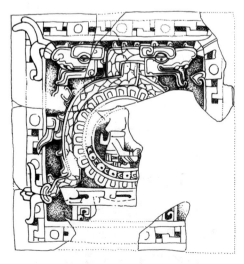

图 4-17　太阳神被金星围绕（金星是晨星和昏星，代表早上和下午）

在南赛球场的中间偏南板雕上，还出现了一个人，此人坐在中间建筑的城垛上，侧面被太阳覆盖，手持似闪电的弯曲物件及一只兔子，兔子或与同一板雕上的月亮有关。

飓风神

何塞·加西亚·佩昂认为飓风神就是埃尔塔欣的主神。这一说法已被很多人接受和传播。

这种说法可以通过埃城无所不在的阶梯回纹图饰得到证实。飓风标志最早记录在费尔南多·奥尔蒂斯（Fernando Ortiz）1947年首次出版的书中。加西亚·佩昂在解释多次出现的阶梯回纹图案时，曾经将其视作天气符号并对此进行过论证（1973b）。

飓风神被认为是埃尔塔欣主神的另一论据是，托托纳克土著语中"埃尔塔欣"意为雷。但我们认为，这个解释不仅没有加强，反而削弱了前面的论点，因为雷并不等同于飓风。

事实上飓风神威力广大，是加勒比地区居民普遍信奉的神祇。光是看这飓风对本区居民造成的巨大破坏，就完全能明白为什么当地人如此恐惧了。

玛雅人也将飓风神视为创造神，甚至在《波波尔·乌》一书中将其称为"天空之心"（Popol Wuj：4）。

但是，由于所处的地理位置特殊，埃尔塔欣得以免受强风侵袭，加上山脉的阻隔将飓风减弱为热带风暴，所以本地遭受飓风的频率并不高。虽然各种自然灾害还是无法避免，但是不同地区民众对灾害的感知却大不相同。长期遭受狂风暴雨、洪水泛滥之灾的埃城居民的感受当然完全不同于尤卡坦半岛和加勒比海岛屿居民对飓风风向、风眼及去向的感受。

对上述地区的飓风发生频率数据进行对比之后，我们可以得到以下惊人数据：从 1900 年到 2000 年的一个世纪时期内，埃尔塔欣地区仅发生了 32 次飓风，玛雅地区发生了 77 次飓风，而安的列斯群岛共发生了 313 次（Ladrón de Guevara & Hernández，2004）。

神话

众所周知，和众神一样，浅浮雕作品是了解西班牙殖民时期之前的神话传统的可靠依据。当然，我们也必须对现在所知的神话内容持谨慎态度。

这些图案有助于辨识已被遗忘的、未被记录的或在口述神话中没有流传下来的神话人物（见图 4 - 18）。

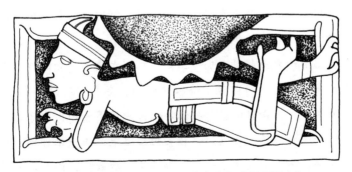

图 4 - 18 长爪子的人（上方有太阳或星星标志）

关于胡安·阿特金的神话

罗伯托·威廉斯在 1948 年搜集到该神话。在埃尔塔欣地区及与韦拉克鲁斯中部相邻的哈拉帕地区流传的各神话版本间略有差异。我们在前面提到过,威廉斯认为出现在南赛球场北部板雕中间位置的人物便是胡安·阿特金。

以下文字抄录于他 1972 年出版的一个神话故事。

远古雷鸣

一个流浪的孤儿走在茂密的灌木丛中,突然看到一把斧头悬在空中。他一时兴起,便拿起斧头去砍柴。木柴随后变成一捆,在小道上滚了下去,孤儿在后面跟着跑。突然,木柴捆掉进了壁龛金字塔,那里住着 12 位埃尔塔欣老人,他们将孤儿抓起来为自己效劳。

老人们每天的任务是从柜子里取出披肩、靴子和剑,然后出门制造风、雷声和闪电。披肩在空中飘动产生风,敲击靴子产生雷声,拔剑动作便产生了闪电。

有一天,趁老人们外出,孤儿穿上最有法力的披肩在天空中嬉戏,从而引起了惊人的风暴。老人们赶紧出去捉他,并制造出云山雾海来阻拦他,但孤儿还是溜之大吉了。老人们向圣母要来一缕发丝,将其抛在空中变成一根锁链。也有人说,老人们是用了彩虹来捆孤儿。后来,孤儿被沉到了海底,并在那里日渐衰老。圣胡安日那天,孤儿转了个身,有人听见了他重重的鼾声。他想知道自己的圣徒纪念日以便今后庆祝，但埃尔塔欣人却欺骗了他。得知真相后，他勃然大怒，制造了洪水。（Williams，1972：50-52）

我们不确定前面提到的板雕上的人物是否就是胡安，因为神话中的胡安躺在海底，而板雕里的胡安则在水上。除此之外，板雕里的水是在一座有城垛的建筑里。有趣的是，球场西侧竟然发现了可用于建造储水库的石块群，甚至还有相似的阶梯城垛。此外，胡安与浅浮雕中祭献人的姿势一致，或许这是与球赛相关的另一种祭祀仪式？

无论板雕中的人物是否就是神话中的人物，至少神话部分内容已经引起了人们的兴趣，人们在思考如何将人放进壁龛金字塔。这再次证明了埃尔塔欣古城既是神话、宗教及精神中心，也是众神的居住地。上述神灵至今仍然是托托纳克人精神生活中的重要组成部分。

神话中还有两点内容也十分有趣：一是众神拥有各种地面和空中法力；二是闪电在众神的法力中与众不同，别忘了埃尔塔欣古城的名字正是源于闪电。

神话中的塔欣人也出现在壁龛金字塔板雕上了吗？神话源于壁龛金字塔和金字塔里的图案吗？或者正好相反，神话的历史是否更久远？圣山是否就是埃城的中心建筑？无论如何，这个鲜活的神话至今仍在流传和演变，继续演绎着金字塔的神秘故事。

纺纱女工

在古城的一根立柱上我们发现了一个妇人形象，她坐在纺线周围，旁边一只鸟正要展翅飞翔，一位神似特拉洛克的神灵从天而降（见图 4 - 19）。

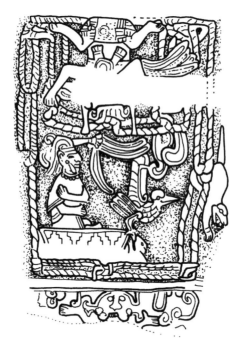

图 4 - 19　被纺线包围的妇人、鸟和从天而降的特拉洛克

在中部美洲的另一个神话版本中，妇人是因为神鸟天降或在羽毛中受孕。

也许上图证实了这个特殊版本的神话，即特拉洛克造成了妇人的受孕。妇人戴着与兔十三相同的头饰，很可能与其存在亲属关系。实际上旁边还出现了一个头戴特拉洛克面具的男子。假设她是兔十三的母亲，那这就是一个见证统治者诞生并将统治权力合法化的故事。这种神话传说在世界各文明中屡见不鲜，法老、皇帝、国王、沙皇等都是通过神灵预言来宣告权力的合法性。

波波尔·乌

另一立柱上的场景向我们展示了玛雅神话中的波波尔·乌：一对双胞胎围绕着球，球被一个大怪物吞噬。

立柱的另一头，一个人在骷髅面前玩球。双胞胎和球赛都让人联想到波波尔·乌的神话。也许球赛正是双胞胎和冥界众神间进行对抗的神秘形式。

克特萨尔科瓦特尔与蝙蝠

在壁龛金字塔的雕柱上还出现了一个人，此人通过嘴里吐出的饰带与蝙蝠相连，饰带暗指神灵的唾液。另一则与克特萨尔科瓦特尔有关的神话中提到羽蛇神用精液创造蝙蝠，其他版本的神话中也提及过类似精液的液体。在波波尔·乌神话中，百年老树挂上被斩下的人头后结出果实，什吉可（Ixquic）少女因沾上这种果实的果汁而怀孕。

因此，我们认为板雕上记录的是一个蝙蝠诞生的神话故事，故事中克特萨尔科瓦特尔的体液赐予了蝙蝠生命。

兔十三、统治者、球员、教士、祭献人-祭祀人、人-神

在立柱上的浮雕作品里，我们多次发现兔十三的存在。

就像图拉城的塞·阿卡特·克特萨尔科瓦特尔（Ce Acatl Quetzalcóatl）一样，埃尔塔欣城的统治者极有可能通过神话来实现自身权力的合法化。在神话中，统治者是战斗英雄、球赛冠军，也是"新火"传承仪式的参与者；是集各种权力于一身的首领，对百姓有生杀予夺的权力，还能预测天体和时间。

事实上，与之前的纺织妇女传说类似，这里也是通过编造神灵预言受孕的传说来实现统治权力的合法化。

因此，我们认为立柱上是兔十三生平故事的汇编，虽然已被上升为神灵出没的史诗故事。

仪式

除了神话故事外，我们还可通过浮雕作品内容了解中部美洲其他地区的其他重要仪式，这些仪式往往与权力和宗教相关。其中最主要的有："新火"传承、统治者登基、斩首祭祀及球赛仪式。通过调查我们得出结论：埃尔塔欣城球赛作用似乎尤为突出，不仅是球赛题材出现在各类浅浮雕中，而且球赛也往往设在宗教仪式区举办，并有专门举办球赛的球场。

球赛

在埃尔塔欣，球赛不仅仅是体育运动。球赛在中部美洲的大规模发展及球场在古典延伸时期的大量涌现（虽然并非该时间段里特有的现象）都足以证明该仪式的重要性。这种重要性还延伸到政治和经济领域。同时，球场还象征各种宇宙元素和力量的对抗，在各元素的平衡中继续维持生命。球场的排列则寓意日蚀，规定冬至时节天体在宇宙中的运转路线。球赛后有一名球员被斩首，尸体将祭献给众神，给予他们继续创造生命必需的食物。

球赛还意味着血腥和杀戮，或许这种血腥会刺激观众，让一些人兴奋不已。不得不承认，在漫长的世界历史长河中，人们曾通过举办各种血腥仪式吸引观众，例如罗马角斗、封建比武，这些仪式或许更接近我们当代的斗牛表演。

举办球赛需要投入大量的人力物力，且球赛举办地的建筑一般都很宏伟奢华。球员不仅需要具备运动天赋，还须持续参加大量的训练，同时性格上也必须勇敢果断。当然，这里还需提及另一个偶然因素，那就是宣布球赛的结果也会提高现场观众的兴奋感。球赛还允许观众下注，就像今天各种大型体育赛事一样。虽然如今的球赛与宗教领域无关，但同样具有仪式感。球赛被认为是为国家利益及和平而战，胜方感到无比自豪，败方将尝到失败和气馁的滋味。但这就是球赛本身的有趣之处，也是举办球赛要考虑的重要方面。

当然，中部美洲典型的球赛具有区别于其他仪式的特性，甚至对球赛的理解也有所不同。埃城人认为球赛是宇宙中的各种天体运动的再现，是对宇宙空间水平和垂直纬度的补充。

从埃尔塔欣遗址现场的情况看，球赛显然是古城当年最主要的仪式之一。至今为止，现场共发现了 17 个球场。要知道球赛主神恰是克特萨尔科瓦特尔和索洛特尔双神。这对双胞胎总是形影不离，代表晨星和昏星，相互间既对立又互补。球赛的举办让人想到，不同力量的对抗只有在运动中才能找到解决办法。

也许浅浮雕是埃尔塔欣最成功的艺术表现形式。尽管中部美洲的艺术表现形式呈现出高度的一致性，但埃尔塔欣却发展出自己独有的风格，即"塔欣风格"。

部分球场会按照太阳的运行路线从东到西排列，其他球场则按照纵向由北至南排列。因此，按照上述两种排列方式，球场将覆盖四个方向，构建出中部美洲文明的宇宙观。球赛本身也成为各种运动的关键，既再现了宇宙空间不同周期的天体运动，也象征了不同对抗力量间的运动平衡。

我们对球赛仍然知之甚少。中部美洲不同地区、不同时期的球赛形式不同。有的图像显示比赛中球员可使用球棒；还有历史记录和幸存者口述称，球员不能用手击球，但埃尔塔欣的部分图像显示，有球员单手戴击球手套。人们普遍认为，将球踢进记分环的球队为获胜方。在埃尔塔欣的所有球场上均未发现记分环，但之前提到的雕塑上却精确地标出球场六个可能的计分点。人们还在球场上发现石槽，最初可能是球场地基。同样的石槽还出现在部分浅浮雕作品中。

我们无法得知参赛球员的准确数目，但有一点可以肯定：这必将是两支球队之间的激烈对抗。

众所周知，西班牙殖民前的一段时期内，人们制球的原料为硫化橡胶，这点可从埃尔·马纳蒂（El Manatí）得到证实。马纳蒂位于奥尔梅克遗址，时间上早于埃尔塔欣两千年。从考古发现来看，橡胶球的弹性源自月光花（*Ipomea alba*）提取的液体混合乳胶（Tarkanian & Hosler，2000）。但值得一提的是，在埃尔塔欣和其他遗址（墨西哥湾沿岸的希格拉斯或玛雅的奇琴伊察）的浮雕作品中经常会出现头颅球。实际上球赛使用的球里完全有可能包裹一颗头颅，而头颅极可能来自球赛祭献人（见图 4 - 20）。

图 4 - 20 头颅球

11 号和 11 - 2 号建筑的球场有幅宏伟的浮雕作品，上面两人侧面相对，各自佩戴一个复杂的蛇头头饰。两个蛇头在浮雕中间相抵，蛇舌相互缠绕，构成象征运动的奥林形状（见图 4 - 21）。运动既是对立面的对抗综合，也是球赛本身的哲学精髓。

图 4 - 21 总结球赛的浅浮雕作品：蛇舌运动融合了不同的对抗元素

与球赛相关的祭祀仪式

我们知道埃城人在球赛后还会举办斩首祭祀仪式，因此经常
有人争论，究竟哪方应该被斩首。起初人们觉得是败方被处决，
认为这是对败者的惩罚，但后来有人提出异议，既然是给众神祭
献，祭献人甚至将变成神灵，那么祭祀的荣誉应该是由胜方而非
败方来获得。这样一来祭祀将意味着巨大的损失，因为培养一名
出色球员通常需要投入大量的时间、精力和成本。也有人认为，
祭献人应该在球赛结束之前就已经确定下来，因为祭祀仪式与球
赛不同，不允许丝毫偶然因素的存在。因此，祭献人应提前做好
准备，事先装扮成球员。

浅浮雕反映了祭祀仪式的场景。很明显，在斩首仪式上，祭
祀人将刀插入祭献人的喉部。在立柱上有时还可看到来自祭献人
腹部的绳子，类似于脐带。也就是说，除了祭献人脖子上的伤
口，还以绳子将腹部与大地连接起来，这些空间象征着祭献人的
生前或死后。在这些浮雕作品中，鸟神降临，并通过绳子将祭献
人带走（见图 4 - 22）。

图 4 - 22　被斩首的祭献人被鸟神降临带走

塔尔塔欣立柱上的几幅浅浮雕作品，尤其是南赛球场上的浅浮雕，刻画了斩首祭献的悲壮时刻。还有一幅浅浮雕作品残损不全，可能原本是三角形或梯形，它对墨西哥湾沿岸的希格拉斯、阿帕里西奥和玛雅地区的奇琴伊察等中部美洲各地这一众人熟知的习俗进行了描述。祭献人脖子上刻有蛇，寓意血流。在任何情况下，祭献人需要扮成球员，手持独具特色的轭铁、斧头或蹄掌等保护器具。除了在阿帕里西奥地区外，浅浮雕作品中还出现了祭祀人、球场建筑甚至头颅球（见图 4-23）。

图 4-23 与球赛相关的斩首祭祀时刻浮雕

自祭

在南赛球场的中间板雕上，坐着一名男子，头戴鱼盔，正用匕首刺向自己。鲜血四溢，溅到脸上（见图 4-24）。

图 4 - 24　正在流血的自祭人

众所周知，在中部美洲地区，自祭是一种崇高的祭祀做法。一些地区的神话中，尤其是玛雅地区，神灵也会自祭。通常男性刺向自己的生殖器官，女性刺向自己的舌头。这种情况下，仪式感不言而喻。从板雕位于南赛球场的中心位置便可得知其象征意义非凡。

婴儿祭祀

我们还知道，西班牙殖民之前的中部美洲地区，尤其是在后古典时期的阿兹台克地区，祭献婴儿与为祭祀特拉洛克而举办的祈雨仪式息息相关。虽然无法确定这些做法是否也在埃尔塔欣通行，但我们却发现一条十分有力的证据：一个女人把躺在玉米上的婴儿交给一个男人（见图 4 - 25）。同一立柱的另一侧还出现了斩首祭祀的场面。如将上述两个场景联系起来，则极有可能暗示了祭献婴儿的仪式。

图 4-25　立柱残片（一个女人把躺在玉米上的婴儿交给一个男人）

其他仪式

可以肯定的是，埃尔塔欣还举办其他的仪式。从浅浮雕上我们能发现，"新火"传承仪式每 52 年举办一次，仪式上会点燃芦苇束，同时见证中部美洲有名的两大历法周期的重新开启。当太阳历和宗教历同时结束时，必须点燃"新火"开启新一轮的历法周期。这些仪式同样也存在于表现游行、舞蹈的绘画和浮雕作品中，里面还有乐师。我们发现浮雕中的各式祈祷、舞蹈、唱歌仪式有以下共同点：保存时间不长，会随时间而消失。

幸运的是，通过埃尔塔欣的浅浮雕作品，我们可以管窥这个复杂社会的各种隆重的活动及仪式（见图 4-26）。这些仪式能获得观众共鸣，使观众精力充沛、激情四射。观众的热情充满金字塔和球场间的广场和走廊，最终和时光一起，被镌刻在了古城的石头上。

图 4-26　点燃"新火"和球赛仪式，周围是球员的用品和芦苇束

总结

从遗址的浅浮雕作品及埃尔塔欣的城市平面图中，我们均发现了西班牙殖民时期之前的中部美洲的宇宙观：水平面上由四个方向和一个中心组成，叠加的垂直面上包含所谓的高级人类和低级人类各自的归属空间；时间具有周期性，这点在天体的运动中得到印证。在埃尔塔欣城，人们不仅崇拜太阳和月亮，而且还特别崇拜与羽蛇神相关的金星，事实上，羽蛇神是当地人崇拜的主要神灵。

同样，当我们回顾埃尔塔欣众多的雕塑和绘画作品时，我们不得不承认，其中不少神灵可与阿兹台克和玛雅地区闻名于世的万神殿诸神相提并论。刻在遗址古迹上的宗教祈祷词展现了西班牙殖民之前的中部美洲地区不同时期的神话及宗教习俗。上述这些再次证明，埃尔塔欣保持了与中部美洲其他地区艺术风格的一致，并在此基础上发展出了自己独特的风格。

参考文献

Anon. Popol Wuj. Antiguas historias de los indios quichés de Guatemala. México: Ed. Porrúa (Col. Sepan Cuantos: 36).

Arnold III, Philip J. and Christopher POOL (eds.), 2008. Classic period cultural currents in southern and central Veracruz. Washington: Dumbarton Oaks.

Bertels, Úrsula, 1987. La iconografía de El Tajín, especialmente las representaciones de los dioses. Informe Proyecto Tajín, temporada, 1987 ms., vol I. INAH, El Tajín, Ver.

Brizuela, Álvaro, 1992. "Marco geográfico y cultural". Brueggemann et al. 1992: 21 – 45.

Brizuela, Álvaro, 2008. El hombre rayo en Tajín. Serrano Sánchez, Carlos y Marco Antonio Cardoso Gómez (edit.), Tomo II. [S. L.]: [s. n.]: 947 – 958.

Brueggemann, Juergen (Coord.), 1991a. Proyecto Tajín, 3 tomos Ⅲ. México: INAH (Cuaderno de trabajo: 8 – 10).

Brueggemann, Juergen et al., 1992. Tajín. Xalapa: Gobierno del Estado de Veracruz.

Brueggemann, Juergen, Sara Ladrón de Guevara y Juan Sánchez, 1992. Tajín. México: Citibank.

Brueggemann, Juergen, 1991b. Análisis urbano del sitio arqueológico del Tajín. Brueggemann, 1991a, Tomo II: 81 - 107.

Brueggemann, Juergen, 1991c. El manejo del material cerámico de superficie dentro y fuera del asentamiento arqueológico del Tajín. Brueggemann (Coord.), 1991a, Tomo I: 65 - 78.

Brueggemann, Juergen, 2004. ¿Dónde está la presencia de Teotihuacan en El Tajín? . Ruz Gallut y Pascual Soto, 2004: 349 - 368.

Castillo Peña, Patricia, 1995. La expresión simbólica del Tajín. México: INAH (Colección Científica, Serie Arqueología: 306) .

Coronel Rivera, Juan, 1997. Diego Rivera: el iluminado. Tibol et al. , 1997: 133 - 157.

De la Fuente, Beatriz (Coord.), 1996. La pintura mural prehispánica en México. I Teotihuacan, Tomo II, Estudios. México: UNAM-IIE.

DeÁvila B, Alejandro, 1996. La hilandera y los gemelos. Arqueología mexicana, Vol II, núm. 17: 72.

Du Solier, Wilfrido, 1945. La cerámica arqueológica de El Tajín. Anales del Museo Nacional de Arqueología Historia y Etnografía, Tomo III, Quinta Época, SEP: 147 - 191.

Durán, Fray Diego, 1967. Historia de las Indias de Nueva España e islas de la tierra firme, Tomo I. México: Ed. Porrúa.

Ekholm, Gordon F. and Ignacio Bernal (eds.), 1971. Archaeology of Northern Mesoamerica, Part two. Austin: University of Texas Press (Handbook of Middle American Indians: 11) .

Feinman, Gary M. and Joyce Marcus (edit.), 1998. Archaic states. Santa Fe, New Mexico: School of American Research Press.

Galindo Trejo, Jesús, 2004. Orientación calendárico-astronómica en Teotihuacan y en El Tajín: alternativas de una misma tradición mesoamericana. Ruz Gallut y Pascual Soto, 2004: 369 – 391.

García Payón, José, 1964 – 65. La ciudad arqueológica del Tajín. Revista Jarocha, Núm. 34 – 35, Xalapa, dic. – feb. 1964 – 1965: 21 – 23.

García Payón, José, 1954. El Tajín. Descripción y comentarios. Universidad Veracruzana, Xalapa, año III, Núm. 4, oct. - dic. , 1954: 18 – 43.

García Payón, José, 1971. Archaeology of Central Veracruz. Ekholm and Bernal, 1971: 505 – 542.

García Payón, José, 1973a. El tablero del Montículo IV de El Tajín. Boletín no. 7, época II, oct. -dic. 1973: 31 – 34.

García Payón, José, 1973b. Los enigmas de El Tajín 1: La ciudad
sagrada de Hurakán. México: INAH (Colección Científica: 3) .

García Payón, José, 1973c. Los enigmas de El Tajín 2: Chacmol en
la apoteosis del pulque. México: INAH (Colección Científica: 3) .

González Torres, 1991. Diccionario de mitología y religión de
Mesoamérica. México: Larousse (Col. Referencias) .

Hernández Palacios, Esther, 1998. Los espacios pródigos. Xala-
pa: U. V. (Colección Biblioteca) .

Jiménez Lara, Pedro, Concepción Lagunes y Yamile Lira, 1991.
Catálogo cerámico del Tajín. Brueggemann, 1991a: 239 – 275.

Kampen, Michael Edwin, 1972. The sculptures of El Tajín,
Veracruz, Mexico. Gainesville: University of Florida Press.

Kaufman, Terrence and John Justeson, 2008. The Epi-Olmec
Language and its neighbors. Arnold and Pool, 2008: 55 – 83.

Kelly, Isabel and Angel Palerm, 1950. The Tajin Totonac: Part
1 History, subsistence, shelter and technology. Washington:
Smithsonian Institution-Institute of Social Anthropology (Pub-
lication: 13) .

Klein F, Cecilia, 1982. Woven heaven, tangled earth: A
weaver's paradigm of Mesoamerican cosmos. Ethnoastronomy
and archaeoastronomy in American Tropics. Series of Annals of
the New York Academy of Science, v. 385. New York: 1 – 35.

Koontz, Rex, 1994. The iconography of El Tajín, Veracruz, México. Austin: The University of Texas.

Koontz, Rex, 2008. Iconographic interaction between El Tajín and South-Central Veracruz. Arnold and Pool (eds.), 2008: 323 - 359.

Ladrón de Guevara, Sara y Vladimir Hernández, 2004. ¿ Huracán o Quetzalcóatl? Deidad de El Tajín. *Arqueología* no. 32, época II , enero-abril 2004. México: INAH: 61 - 70.

Ladrón de Guevara, Sara, 1992. Pintura y escultura. Brueggemann, Juergen et al. , 1992: 99 - 131.

Ladrón de Guevara, Sara, 2006. Hombres y dioses de El Tajín, Xalapa, SEV.

Lira López, Yamile y Carlos Serrano (eds.), 2004. Prácticas funerarias en la costa del Golfo de México. México: IAUV-IIA-UNAM-AMAB.

Lira López, Yamile y Jaime Ortega Guevara, 2004. Los entierros de El Tajín , Veracruz. Lira, Yamile y Carlos Serrano (eds.): 89.

Lira López, Yamile, 1998b. La cerámica de relieve del Tajín. Ponencia presentada en el Congreso de la XXV Mesa Redonda de la Sociedad Mexicana de Antropología. San Luis Potosi.

Lira López, Yamile, 1998a. Iconografía en la cerámica del Tajín. Ponencia presentada en el Congreso Nacional de Historia Regional, Xalapa, Veracruz.

Lombardo de Ruíz, Sonia, 1996. El estilo teotihuacano en la pintura mural. De la Fuente (coord.), 1996: 3 - 64 - 107.

López Austin, Alfredo, 1983. Nota sobre la fusión y la fisión de los dioses en el panteón mexica. Anales de Antropología, Tomo II, Vol. XX. México: IIA-UNAM: 75 - 87.

López Austin, Alfredo, 1984. Cuerpo humano e ideología. Las concepciones de los antiguos nahuas, 2 tomos. México: UNAM (Serie Antropológica: 39) .

López Austin, Alfredo, 1989. Hombre-Dios. Religión y política en el mundo náhuatl. México: UNAM (Serie de cultura Náhuatl, Monografías: 15) .

Magaloni Kerpel, Diana, 1996. El espacio pictórico teotihuacano. Tradición y técnica. De la Fuente (coord.), 1996: 187 - 225.

Magaloni Kerpel, Diana, 2004. Los pintores de El Tajín y su relación con la pintura mural teotihuacana. Ruz Gallut y Pascual Soto, 2004: 427 - 439.

Manrique Castañeda, Leonardo (Coord.), 1988. Lingüística. Atlas Cultural de México. México: INAH-SEP-Planeta.

Manrique Castañeda, Leonardo, 1994. Las lenguas prehispánicas en el México Actual. Arqueología mexicana, Vol. 1, núm 5: 6 - 13.

Manrique Castañeda, Leonardo, 2008. Conclusiones. Ochoa,

Lorenzo y Thomas A. Lee Jr. , 2008.

Marcus, Joyce and Jeremy A. Sabloff (eds.), 2009. The ancient city. New perspectives on Urbanism in the Old and New World. Santa Fe: SAR Press.

Marquina, Ignacio, 1951. Arquitectura Prehispánica. México: INAH-SEP.

Medellín Zenil, Alfonso, 1960a. Cerámicas del Totonacapan. Exploraciones arqueológicas en el centro de Veracruz. Xalapa: IAUV.

Medellín Zenil, Alfonso, 1960b. La cultura indígena del Veracruz central. SPRATLING, 1960: 19 – 25.

Ochoa, Lorenzo y Thomas A. Lee Jr. (edit.), 1983. Antropología e Historia de los Mixe-Zoques y Mayas. México: UNAM-Brigham Young University.

Ochoa, Lorenzo, 1989. Huaxtecos y totonacos. Una antología histórico-cultural. México: CONACULTA.

Oropeza Escobar, Minerva, 1994. Aproximación interpretativa al mito totonaca Juan Aktzin y el diluvio: 2 tomos. Tesis de maestría en Antropología Social, ms. . Xalapa: CIESAS-GOLFO.

Ortega Guevara, René y Alfonso García y García, 1991. Informe de los trabajos de conservación y restauración de la Pirámide de los Nichos en El Tajín, Ver. . Temporada 1985 en Brueggemann (Coord.), 1991, tomo III: 54 – 76.

Pascual Soto, Arturo, 2004. La cultura de El Tajín en el Clásico Temprano. Ruz Gallut y Pascual Soto, 2004: 441 – 449.

Pascual Soto, Arturo, 2006. El Tajín. En busca de los orígenes de una civilización. México: UNAM-IIE-INAH.

Piña Chan, Román y Patricia Castillo Peña, 1999. Tajín. La ciudad del dios Huracán. México: FCE.

Piña Chan, Román, 1977. Quetzalcoatl. México: FCE.

Proskouriakoff, Tatiana, 1971. Classic art of central Veracruz. Ekholm and Bernal (eds.), 1971: 558 – 572.

Reyes López, Marco Antonio, 1996. Análisis cuantitativo de la cerámica de El Tajín, Ver. . Tesina, Xalapa: Universidad Veracruzana, Facultad de Antropología.

Rodríguez Mortelano, Itzel, 1997. La nación mexicana en los murales del Palacio Nacional (1929 – 1935) . TIBOL et al. , 1997: 55 – 85.

Ruiz Galluy, María Elena y Arturo Pascual Soto (Edit.), 2004. La costa del Golfo en tiempos teotihuacanos: propuestas y perspectivas. Memoria de la Segunda Mesa Redonda de Teotihuacan. México: INAH.

Ruiz Gordillo, Omar, 1997. La investigación y conservación en el proyecto Yohualichan. Vásquez Zárate, Sergio (ed.), 1997.

Sandweiss, Daniel H. and Jeffrey Quilter, 2008. Niño, catastrophism and cultural change in Ancient America. Washington: Dumbarton Oaks Research Library and Collection.

Serrano, Carlos y Marco Antonio Cardoso Gómez (edit.), El Mediterráneo Americano: Población, cultura e historia. Memoria de la XXVII Mesa Redonda de la Sociedad Mexicana de Antropología, 2 tomos. México: SMA-UNAM-IIA.

Solis, Felipe, 1981. Escultura del Castillo de Teayo, Veracruz, México. Catálogo, México: UNAM-IIE (Cuadernos de Historia del Arte: 16).

Sprajc, Iván, 2001. Orientaciones astronómicas en la arquitectura prehispánica del centro de México. México: INAH (Colección Científica: 427).

Spratling, William, 1960. Más humano que divino. México: UNAM.

Stark, Barbara, 2001. Classic Period Mixtequilla, Veracruz, México. Diachronic inferences from residential investigations. Albany, N. Y.: Institute for Mesoamerican Studies, The University at Albany.

Sánchez Bonilla, Juan, 1992. Similitudes entre las pinturas de Las Higueras y las obras plásticas del Tajín en Brueggemann, Juergen et al., 1992: 133 - 159.

Tarkanian, Michael J y Dorothy Hosler, 2000. La elaboración de hule en Mesoamérica. Arqueología Mexicana, Vol VIII, Núm. 44. México: Ed. Raíces: 54 – 57.

Tibol, Raquel et al. , 1997. Los murales del Palacio Nacional. México: INBA.

Toscano, Salvador, 1954. Los murales prehispánicos en Artes de México: núm 3. [S. l.]: [s. n.] .

Villagra, Agustín. Las pinturas de Tetitla, Atetelco e Ixpantonco en Toscano, 1954. [S. l.]: [s. n.]: 39 – 43.

Von Winning, Hasso y Nelly Gutiérrez Solana, 1996. La iconografía de la cerámica de Río Blanco, Veracruz. México: UNAM-IIE.

Vásquez Zárate, Sergio (ed.), 1997. Memoria del V foro anual docencia, investigación, extensión y difusión de la Facultad de Antropología. Xalapa: FAUV.

Wiesheu Forster, Walburga, 1996. Cacicazgo y estado arcaico. La evolución de organizaciones sociopolíticas complejas. México: INAH (Colección Científica, Serie Arqueología: 310) .

Wilkerson, S Jeffrey K, 1987. El Tajín. Una guía para visitantes. Xalapa: Universidad Veracruzana.

Wilkerson, S Jeffrey K, 1994. The garden city of El Pital. Washington: National Geographic Research &-Exploration 10 (1): 56 – 71.

Wilkerson，S Jeffrey K，2008. And the waters took them. Cata-
strophic flooding and civilization on the Mexican Gulf Coast in
SANDWEISS. Daniel H and Jeffrey QUILTER，2008.

Williams García，Roberto （Comp. ），1972. Tradición oral en
Tajín. Xalapa，Ver. ：Cultura de Veracruz.

Winfield，Fernando，1988. La estela 1 de La Mojarra，Veracruz，
México. Washington：Center for Maya Research （Research
reports on ancient Maya writing：16）.

Wyllie，Cherra，2008. Continuity and change in Late Classic
Southern Veracruz art，hieroglyphs and religion. ARNOLD
and POOL （eds. ），2008：225 - 257.

后　记

　　漫步于宏伟的埃尔塔欣古城，直至古城最具象征意义的道路尽头，我们就能看出：长久以来，埃尔塔欣古城及其他中部美洲地区文明在艺术形式上保持着统一。我们也不难了解到，前殖民时期的很长一段时间内，广阔的中部美洲地区拥有相同的宇宙观。

　　建筑外墙和壁龛上间隔出现的阶梯回纹装饰图案在羽蛇神殿墙壁上也能觅得踪影。如同蜗牛壳横剖面的回纹图案也经常出现在克特萨尔科瓦特尔胸前。由此便知，在古典延伸时期，除埃尔塔欣之外的众多繁华城市中心也存在对克特萨尔科瓦特尔神的崇拜。

　　我们脑海中依稀浮现出古城当年的场景：多姿多彩的埃尔塔欣古城内，统治者们凭借"君权神授"轮流执政。此外，统治者借助共同的宇宙观和宗教崇拜召集当地民众参与各种重大宗教仪式及活动，但有时场面异常血腥、残忍及无情。

　　雕塑、绘画和部分陶器碎片上的装饰图案美化了统治者的功绩，再现了过去发生的历史事件。其中也融入了神灵的概念，用以提醒人们将过往事实当作史诗来回忆，赞美、延续宗教神灵概念。因此，宗教祈祷文具备以下功能：一方面，借众神之手宣告

统治权力的合法性；另一方面，召集当地民众参与各种宗教
仪式。

在各种神灵崇拜或祈福仪式中，我们经常能看到克特萨尔科
瓦特尔的身影：它或化身羽蛇神，身体扭曲成奥林形；或化身风
神埃赫卡特尔，长着鸭嘴；或化身四脚神纳克希特尔，现身于南
赛球场中间的两幅板雕顶端。随着人们对金星运行周期天文知识
的不断加深，部分人甚至可以通过冥想来实现对羽蛇神的崇拜，
当然不是所有人都能达到这种境界。

如今，我们已分辨不清绝大多数神灵的名字，难以重现当时
的宗教歌舞，也听不到当年广为传诵的诗歌。但我们依然可以徜
徉在神庙周围的小径上，漫步于金字塔间狭窄的走廊中，并通过
参观这些遗迹作品，有机会直面当年那些高尚的球员、英勇的祭
献人和宇宙秩序的守护人——高高在上的统治者。统治者们当年
伟岸的形象被永远镌刻在雄伟的壁龛金字塔壁上，正如他们所期
待的那样。

出于某种原因被某个部落封作神圣之地的区域，通常也会被
其他文明视为圣土。与融合了伊斯兰教、犹太教和基督教的中东
圣城耶路撒冷一样，埃尔塔欣一直以来都被视为不同宗教传统的
中心。

如果说西班牙殖民之前，埃尔塔欣古城是中部美洲地区神灵
崇拜的万神殿，那么今天，托托纳克人则在此地重新定位和诠释
属于他们的神话。这些全新或被改造的神话出现在浮雕作品中，
一一呈现在世人眼前。托托纳克人在这片圣土上延续着自己民族

的神话故事，新的传统在西班牙殖民之前的这片土地及其他土壤上生根发芽。如今的春分时节，托托纳克人还会聚集在一起庆祝，祈祷和召唤各种神秘力量，因为他们始终坚信，这种做法是在传承一种鲜为人知的千年传统。

与此同时，托托纳克人继续跳着"飞人舞"。在重复的长笛旋律和单调的手鼓伴奏下，"飞人"身绑绳索，沿柱盘旋而下。舞者一身中世纪的欧洲风格打扮，再现了与埃尔塔欣遗址相符的宇宙观：四个方位和一个中心，时间围绕中心做周期性循环。四位"飞人"从柱子顶端围绕中心柱轴向下飞行，每人转 13 圈，共绕柱 52 圈。舞蹈终止意味着时间大循环的结束，之后太阳会重新升起，日历也将从头翻起。当年的金字塔周围和如今的遗址附近，托托纳克人正是以这种方式传递着他们的宇宙观，即通过永不停息的运动保持对立元素之间的终极平衡。

图书在版编目（CIP）数据

埃尔塔欣：一城一世 ／（墨）萨拉·拉德隆·德·格瓦拉著；李彦译 . -- 北京：中国人民大学出版社，2021.8

ISBN 978-7-300-29812-2

Ⅰ. ①埃… Ⅱ. ①萨… ②李… Ⅲ. ①古城遗址(考古)-墨西哥 Ⅳ. ①K887.318

中国版本图书馆 CIP 数据核字（2021）第 177246 号

埃尔塔欣

一城一世

［墨］萨拉·拉德隆·德·格瓦拉　著

李　彦　译

Aiertaxin

出版发行	中国人民大学出版社			
社　　址	北京中关村大街 31 号		邮政编码	100080
电　　话	010 - 62511242（总编室）		010 - 62511770（质管部）	
	010 - 82501766（邮购部）		010 - 62514148（门市部）	
	010 - 62515195（发行公司）		010 - 62515275（盗版举报）	
网　　址	http://www.crup.com.cn			
经　　销	新华书店			
印　　刷	涿州市星河印刷有限公司			
规　　格	148 mm×210 mm　32 开本		版　次	2021 年 8 月第 1 版
印　　张	5 插页 3		印　次	2023 年 5 月第 2 次印刷
字　　数	95 000		定　价	36.00 元